8

ATRAPATS EN LA HISTÒRIA

Manolo Civera

il·lustració
Robert Amoraga

A COLP DE PEDAL

A colp de pedal és una colla d'amics i amigues del barri de Russafa, a la ciutat de València: Berta, Martí, Jamal, Puig, Blanca (la bibliotecària del barri) i Ulisses, un divertit i viatger gos. La seua afició per la bicicleta i per la natura, els ha units.
La ciutat és una geografia massa allunyada de l'ocre de les muntanyes, del verd dels boscos o del blau de la mar, per despertar passions en els amants de la natura. És per això que la colla **A colp de pedal** comença a recórrer les comarques valencianes. A poc a poc, aniran descobrint un paisatge que sols coneixien pels manuals de classe o pels llibres de la biblioteca. I, amb la complicitat de les seues bicicletes, s'iniciaran també, a colp de pedal, les intrèpides i divertides aventures d'aquesta colla tan famosa.

Puig Prats,
xarraire i despistada, és amiga de tota classe d'animals,
per això acompanya i cuida d'Ulisses.
Li encanta conéixer gent
i relacionar-se amb tot el món.

Jamal Ben Barek,
és un gran jugador d'escacs. Observador i sagaç, sempre està atent a descobrir la clau de l'enigma de tota aventura.

Blanca March, afectuosa, té un caràcter independent i manté bona quantitat d'amics i amigues, amb la resta és més bé reservada i misteriosa. Per altra banda és molt activa i li encanta practicar tota classe d'esports.

Martí Quintanilla, és el més boig i nerviós de tots els amics de la colla, i encara que un poc milhomes, té un bon cor i un gran sentit de l'amistat. Diu que és un geni de la informàtica.

Berta Sanchis, irònica i intel·ligent, és el cervell pensant de la colla. Té una bicicleta molt particular: alguns diuen que és màgica, altres que és una vella andròmina.

Ulisses, l'amic de quatre potes, juganer i tafaner acostuma a ficar-se en tota mena d'embolics.

Í N D E X

1
Una invitació insòlita

Tots els dies, abans d'entrar a treballar, Blanca passava per correus i arreplegava la correspondència. En arribar-hi, el funcionari li la donava i ella revisava si totes les trameses anaven destinades a la biblioteca del barri de Russafa. No era habitual que s'equivocaren en la classificació de la correspondència. Alguna vegada, però, s'havia emportat cartes destinades a particulars i, fins i tot, havia obert alguna sense adonar-se'n.

El cas fou que, un divendres de primavera, mentre repassava la correspondència, s'adonà que una carta anava adreçada a la seua atenció: Biblioteca de Russafa, a/a Blanca March, 46500 València. Devia ser algun amic, pensà, i es posà la carta a la butxaca de la jaqueta. Acabà de repassar la correspondència, signà al llibre el lliurament dels certificats, s'ho posà tot a la cartera i es dirigí cap a la biblioteca. Després que va obrir les portes, començà a entrar-hi gent, engegà l'ordinador i es posà a tornar, renovar o fer els préstecs de llibres. En eixir del treball, estava tan cansada que se n'anà directament a casa i, després de prendre's un got de llet, seié davant la tele i es quedà més dormida que una soca.

De sobte, es despertà sobresaltada pensant que havia oblidat llegir la carta. En el somni se li aglopaven les preguntes: "Qui l'havia escrita?, què deia?, per què?". Tenia un pesar com si haguera faltat a un compromís important. Es posà la mà a la butxaca, nerviosa, quasi tremolant, i agafà la carta. El sobre era d'aquells que anaven folrats per dins amb paper de ceba blau fosc. No tenia remitent. La mirà amb respecte, perquè el tacte i l'olor del paper, i la lletra manuscrita en tinta de ploma, l'abocava al passat. Era estrany, li provocava una gran curiositat i tanmateix se n'havia oblidat. L'obrí amb cura i començà a llegir:

"Colla A colp de pedal:

Em diuen Vicent Miret i sóc, si fa no fa, com vosaltres i totes les persones, un protagonista de la història. Ocupe el temps llegint, escrivint, parlant i passejant pel Camp de Morvedre. Per aquestes aficions vos conec i seguesc les vostres aventures.

L'objectiu de la meua carta és convidar-vos a passar la Pasqua a Sagunt. M'il·lusionaria tant que vinguéreu i protagonitzàreu una de les vostres aventures al Camp de Morvedre! M'agradaria molt, repetesc, que acceptàreu la meua invitació, perquè amb la vostra visita m'ajudaríeu moltíssim.

Si decidiu venir, vos espere el Dissabte de Glòria a ma casa, carrer l'Araig, 9. Per no perdre ni una passa, aneu directes a la plaça Major, situeu-vos al peu del campanar de l'església de Santa Maria, al banc de les Mentides, i vos trobareu al cantó oposat del meu domicili.

Una abraçada.

Vicent Miret"

Quan Blanca acabà de llegir la carta, s'alegrà per l'oferiment que els feia Vicent Miret. Calia comunicar-ho a la colla, però era massa tard per cridar algú.

Així, es gità amb l'enrònia de la invitació i rellegint-se la carta s'adormí. Al dia següent, li faltà temps per telefonar a Berta i dir-li que havien de reunir-se per estudiar la invitació. Berta, amb disposició, li digué que això estava fet, que, en penjar el telèfon, farien la cadena: ella telefonaria a Puig, aquesta a Martí i aquest a Jamal.

A les onze en punt del matí, a l'últim tram del passeig de la Gran Via de Germanies, estava reunida la colla "A colp de pedal", inclòs el gos Ulisses. Blanca els havia anat explicant els detalls a mesura que hi arribaven.

—Blanca, per què no lliges la carta en veu alta i anem a pams? —proposà Berta.

Tothom estava d'acord, fins i tot Blanca que se la sabia de memòria. Començà a llegir-la en veu alta i a poc a poc perquè entengueren bé el que deia Vicent Miret. En acabar, Puig agafà la paraula:

—Aventura a la vista! Açò té molt bona pinta, perquè...

—Nyas coca! I de gorra! —exclamà Martí.

—Com sempre, ets profund, Martí —afirmà Berta.

—Certament, comencem a ser coneguts... —assentí Blanca.

—Sí, sí, però no cregueu que cal analitzar una miqueta la carta? —interrogà Jamal—. Repareu que ens convida un protagonista de la història. Això quin ofici és? No el coneixem de res i se'ns ofereix esplèndid i a més a més diu que l'ajudarem moltíssim. Com? A què? —s'interrogà Jamal.

—Tens molta raó Jamal, potser hi ha marro, però potser no n'hi ha —digué Puig.

—Jo estic d'acord a acceptar la invitació, però si les coses es posen lletges... —intervingué Martí reculant.

—No acabe de veure tots els problemes que apunteu. En qualsevol cas, paga la pena acceptar la invitació. Sagunt és un poble que visita molta gent i... —s'enganxà a parlar Puig, però fou interrompuda per Blanca.

—Jo he pensat molt sobre Vicent Miret i sobre el contingut de la carta. Certament, Vicent Miret suscita molts dubtes, però també sembla una persona de les qui no n'hi ha. Si no acceptàrem, seríem uns desagraïts. Sabeu què vos dic? Per esbrinar els dubtes hem de córrer riscos. Crec que hem d'acceptar la invitació.

La conversa s'allargà una estona i en el transcurs cadascun dels cinc es manifestà a favor d'acceptar-la. Certament, la invitació havia arribat en el millor moment, perquè durant la Setmana Santa no hi ha escola. A Blanca també li venia bé, perquè tenia festa des del Divendres Sant fins al tercer dia de Pasqua. Decidiren, en contra de l'opinió de Martí, no abusar de l'hospitalitat de l'amic desconegut. Així, farien la visita en tres dies: eixirien el Dissabte Sant de bon matí i tornarien el dilluns següent, el segon dia de Pasqua per la nit.

—Ah, una bona notícia! —exclamà Blanca—. Anirem amb el tot terreny del meu germà i, com és lògic, podrem agafar les bicis, i tu, Puig, podràs portar Ulisses.

La Setmana Santa se'ls féu llarga, però els vingué bé per demanar permís a casa i preparar l'equipatge. Ningú no tingué cap problema, perquè Blanca comptava amb la confiança dels pares. A la fi, arribà el Dissabte de Glòria i a les nou del matí en punt es trobaven amb les motxilles i els sacs a l'últim tram de la Gran Via. A l'hora eixiren cap a Sagunt, creuaren el riu

Túria i per l'avinguda d'Aragó arribaren a la carretera de Barcelona. Puig acaparà la paraula amb el que li havien dit o li havien deixat de dir a casa. Quan els tenia quasi adormits preguntà:

—Sabeu que la ciutat de Sagunt ha tingut tres noms: Arse, Sagunt i Morvedre?

—Sí, dona, sí! —contestaren quasi tots al mateix temps indicant-li, no que ho sabien, sinó que estaven farts d'escoltar-la.

—Però conegueu la dita: "els de Morvedre amb el cul piquen el pebre"? —insistí Puig.

—Com? Per què? Serà possible? —preguntaren al temps que començaren a riure.

—Sí, sí, heu escoltat bé. Jo també reia anit —aclarí Puig.

—Seria molt graciós veure els morvedrins pegant culades per picar les boletes de pebre —visualitzà Martí entre rialles.

—Ho sabeu o no? —insistí Puig—. Diu el meu iaio que a Morvedre han ocorregut fets tan importants que per als morvedrins qualsevol història és poca cosa.

—Estem arribant a Sagunt. Mireu! En aquesta cruïlla de la carretera de Terol, en 1874, el general Martínez Campos proclamà la restauració de la monarquia en la persona del rei Alfons XII. Un any després demanaren el canvi de nom de Morvedre pel de Sagunt. El fet es coneix com la saguntinada...

—Blanca, quin taladre, no? —digué irònicament Berta.

—Ui, ja veig massa història! —exclamà Martí.

En això arribaren a Sagunt, hi entraren pel carrer de València, agafaren el carrer Major pel lloc on es trobava la porta Ferrissa i arribaren a la plaça Major.

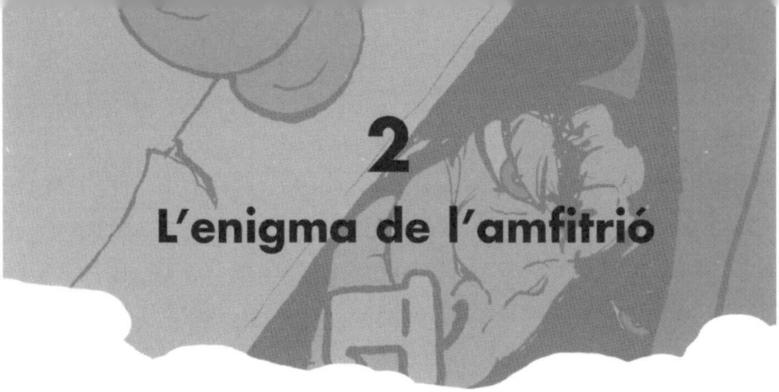

2
L'enigma de l'amfitrió

El tot terreny entrà a la rectangular i porxada plaça Major de Sagunt, a l'angle sud-est de la qual s'alça l'església de Santa Maria. Blanca albirà les plaques que prohibeixen l'accés a la part vella i, en veure lloc, decidí aparcar el vehicle a la mateixa plaça. Deixaren les motxilles i les bicicletes al tot terreny. Des de la vorera nord es posaren a mirar la plaça. Semblaven una monitora amb un equip de quatre. De seguida s'adonaren que les construccions barrejaven elements recents amb arcades medievals i columnes romanes.

—Escolteu! Escolteu com canta el campanar! —digué Berta sorneguera.

Tots cinc es quedaren observant. Parlant-ne, s'hi acostaren. Aleshores, Jamal s'adonà que un vellet amb boina i gaiato, que hi havia assegut al banc que hi ha al peu del campanar, no perdia detall dels seus moviments. Jamal, dissimuladament, ho comunicà als companys, i a Puig li faltà temps per dirigir-se al vellet i preguntar-li:

—Perdone, és aquest el banc de les Mentides?

—Efectivament —contestà el vellet mentre se li apropaven els altres.

—I per què es diu així? —insistí Puig.

—No ho sé ben bé, des de fa molts segles les persones ací han parlat de les coses que passen i senten, des d'ací s'han fet pregons, discursos, sermons i encara s'acomiada el dol des de temps immemorials —explicava el vellet animós.

Els amics miraven les lloses de pedra blava, gastada i lluenta del banc i comprengueren que des de feia segles les persones havien emprat el banc. Martí, però, en sentir la paraula dol, s'imaginà el taüt al seu costat i digué:

—Ací..., posen els morts?

—I coneix vosté Vicent Miret? —preguntà Blanca per dissimular les pors de Martí.

—I tant que el conec, viu a prop d'ací, a l'altra banda de l'església.

—Doncs, si aquest és el banc de les Mentides, l'altra banda, on viu Vicent Miret, deu ser el lloc de les Veritats... —féu broma Berta.

—Potser el problema és saber on acaba la veritat i on comença la mentida —sentencià el vellet amb un aplom de savi.

—Anem-nos-en que Vicent Miret ens estarà esperant —digué Blanca trencant el silenci que provocà la sentència del vellet.

La colla s'acomiadà i encararen el carrer de Cavallers per buscar l'altra banda del banc de les Mentides. El vellet, anant-se'n cap amunt pel carrer del Sagrari, els digué que havia estat un plaer parlar amb ells. Jamal s'adonà que podien haver-lo acompanyat, perquè tant els donava voltar l'església per dalt com per baix. En això, però, veié al frontis de les escales dues inscripcions i cridà l'atenció de la resta.

—Semblen dues làpides romanes molt deteriorades pel temps i els gasos dels cotxes. Per saber què diuen necessitaria temps —digué modestament Blanca, que havia estudiat llatí.

—No cal, deixa-ho estar, no veus que tenim pressa —intervingué Martí.

Calia conéixer Vicent Miret, i seguiren avant. Voltaren l'església observant les gàrgoles, que boten des de les teulades; el cantó de la careta en relleu; la porta principal, que indica l'acabament de les obres al segle XVIII; i se situaren en el cantó sud-oest.

A poques passes localitzaren el carrer de l'Araig i tot seguit el número nou. La casa, sobre una paret de pedra blava, tenia una portalada de mig punt i una finestra geminada. La colla estava bocabadada i, en veu molt baixeta, comentava qui devia ser Vicent Miret. Quan veren bé la frontera de la casa, tocaren el timbre. Esperaven sentir la veu del senyor Miret. A la fi anaven a conéixer-lo. No contestà, però, ningú i insistiren. Estaven en silenci i no deixaven de mirar fixament la porta, pensaven que, si no contestava, era perquè ja anava a obrir-los-la. Però la porta no s'obria i ells no deixaven de mirar-la, sense adonar-se que els observaven per la finestra de la casa d'enfront. Estigueren així una bona estona, fins que Puig digué:

—I ara, què? Em sembla que ens han timat.

La veritat és que la cara de tots cinc reflectia una gran desil·lusió. Aleshores, quan ja se n'anaven carrer avall, la veïna que guaitava d'amagat obrí la finestra i els preguntà amb veu dèbil:

—Vosaltres sou els amics que esperava Vicent?

Tots cinc es giraren dient que sí i, en veure una velleta que devia tenir més anys que la tos, es quedaren palplantats perquè portava vel i tenia una faç tan quartejada per les arrugues que pareixia un mosaic romà.

—Sí senyora! —exclamà Puig.

—Mireu, anit em va deixar un encàrrec, que si avui venia una colla d'amics molt joves els donara la clau de sa casa —els digué oferint-los la clau.

—Ah, moltes gràcies! —s'afanà a dir Martí en veure que ja no hauria de dormir al ras.

La velleta es retirà lentament. Encuriosits, rodaren la clau, obriren la porta i, quan es disposaven a creuar el bancalet...

—Ah, Vicent vos ha deixat una nota sobre la taula! —digué la velleta, i tancà la finestra.

Entraren a la casa amb tensió, cada pas afegia més atenció, no perdien detall: en front de la porta, l'escala per accedir al pis; la paret de pedra blava donava a l'interior; a la dreta, l'eixida al pati...; En això, Berta veié dos papers sobre la taula del menjador: una nota i un mapa. Advertí els amics i, quan s'hi aproparen, va llegir la nota en veu alta:

“Amics:

El que suposava s'ha produït. Sóc el primer que lamenta no trobar-se present en el moment de la vostra arribada, però mals majors m'ho impedeixen. No obstant això, vull ser i seré un bon amfitrió i millor cicerone, perquè vos he preparat la casa i els queviures necessaris per passar la Pasqua molt bé i he previst que la vostra visita siga profitosa. Això vol dir que començareu la visita al Camp de Morvedre ara mateix, sense mi, però seguint les meues indicacions. És clar, si hi esteu d'acord!

Vos recomane que avui dissabte visiteu la Baronia seguint l'itinerari del full adjunt. La casa i els aliments de la nevera i del rebost són a la vostra disposició, però no perdeu temps, a la nit ja acabareu de veure la casa i n'ocupareu les habitacions. Agafeu el mapa i bon viatge.

Sagunt, Divendres Sant.

Vicent Miret"

—Nyas, coca! Què fem? —exposà Martí.

—Amfitrió i cicerone, diu? —preguntà Puig.

Blanca explicà a Puig que un amfitrió és aquell que convida algú a sa casa i un cicerone és la persona que fa de guia. La inquietud de Martí posava el dit en la ferida: què feien sense amfitrió i sense cicerone? A més a més, a la colla li preocupaven els mals majors que devien impedir a Vicent Miret atendre'ls. La visita al Camp de Morvedre estava complicant-se, i si algú haguera dit que estava tranquil, mentiria. Als seus pensaments hi havia moltes ombres, encara que el desafiament personal de cadascun dels membres de la colla era tan gran que cap dels cinc no pegaria un pas enrera, almenys individualment.

—Ens n'eixirem! —exclamà Berta amb seguretat.

—Crec que estem d'acord a iniciar la visita al Camp de Morvedre, però heu reparat que el senyor Miret vol que seguim les seues indicacions al peu de la lletra? —assenyalà Jamal.

—Sí, i sospite que ens trobem al principi d'una aventura enigmàtica —digué Blanca.

—Jo vull dir una cosa, que no hi veig ni una foto per conéixer Vicent Miret —afirmà Puig que seguint Ulisses havia començat a escodrinyar—. Pugem dalt?

—Quieta, Puig! —exclamà Jamal—. I si hi ha ningú?

—Jo crec que encara som a temps de... —dubtà Martí.

—Som a temps de fer una ullada a la planta baixa i eixir a fer el primer itinerari que ens ha preparat el senyor Miret —intervingué Blanca.

Ja sabien que la planta baixa constava d'un saló menjador, d'una cuina, d'un bany i d'una habitació tancada. Ho havien vist, però ara s'adonaven que les pedres de la paret portaven les marques dels pedrapiquers medievals. No es podien ni imaginar que es tractava de pedres romanes reutilitzades. Isqueren al pati. S'abocaren al pou, cridaren i el ressò de la veu els suggerí preguntes sense resposta. Veren una obertura i evitaren esbrinar on conduïa. Entraren per una porta oberta en una alta arcada apuntada i, de sobte, una veu afectada cridà des de dins:

—On aneu?

Era Puig que, des de la cuina, havia accedit al garatge i a l'habitació a la qual els amics havien entrat des del pati. Potser el crit espantà un poc algú, però res de bo. Era la situació del grup la que els preocupava de veritat. Amb tot, la planta baixa els agradà i els féu pensar que una casa amb dues portes, una porta principal al carrer de l'Araig i una porta falsa a la placeta dels Tarongers, permetia que dues persones entraren i eixiren al mateix temps sense veure's.

3

La ruta dels castells

Eren les deu del matí del Dissabte de Glòria quan la colla “A colp de pedal” es preparava per emprendre l’itinerari per la Baronia del Camp de Morvedre. Com que tenien les motxilles amb el menjar del dia al vehicle, només havien d’anar a la plaça Major, pujar al cotxe i seguir l’itinerari preparat per Vicent Miret. Calia sobreposar-se als infortunis i iniciar la visita. Eixiren de la casa en silenci, mirant de reüll escales amunt i afinant l’oïda per assegurar-se que havien estat sols. Voltaren l’església de Santa Maria per la part que mira al Castell i al Calvari. Era una zona de cases pairals, la reconstrucció de les quals havia destruït la bellesa original de la zona. Al carrer del Sagrari veren un mur cíclop, que algú considera la base del famosíssim temple de Diana. Probablement, Vicent Miret els haguera explicat que es tractava de murs ibèrics fets amb pedres treballades a fals escaire. Arribaren a la plaça i, mirant-se el banc de les Mentides, pujaren al tot terreny. Jamal es posà de copilot de Blanca. Portava el mapa a les mans per indicar l’itinerari marcat per Vicent Miret.

—En marxa amics!, comencem la ruta dels castells! —digué Jamal, després de llegir el títol de l’itinerari.

—Potser el senyor Miret vol que coneguem primer els llocs que guardaven l’entrada i l’eixida de Morvedre cap a l’interior peninsular —interpretà Blanca.

Vorejaren el riu curs amunt i en un bufit arribaren a Petrés. De seguida, albiraren el castell sobre un tossal a la vora del poble. Es detingueren a la carretera. Dubtaven si baixar o no del tot terreny, Berta obrí la porta i Ulisses botà a terra i se n'anà directe al cantó sud-oest del castell, alçà la pota i pixà. Es feren l'ànim i baixaren del vehicle. De sobte, Berta no veié Ulisses i el cridà. El gos lladrà des d'un lloc tancat i pensaren el pitjor, que havia caigut en un pou, però no, perquè el gos s'abocà al forat per on s'havia posat i els indicà que podien entrar a l'arruïnada fortalesa. L'obertura donava al celler. Hi entraren, regiraren el soterrani, i pujaren a la planta baixa on identificaren la plaça d'armes i l'estança principal. Era difícil resistir-se a la temptació de buscar alguna resta i emportar-se-la, però tenien molt clar que això no s'havia de fer. De bona gana s'hagueren posat a jugar, però havien de ser disciplinats i continuar la ruta.

Emprengueren el camí d'Albalat. Era un trajecte curt, durant el qual no els donà temps a comentar l'estat de ruïna en què es trobava el castell de Petrés. En arribar a Albalat veren el palau dels Blancs, que els albalatencs anomenen castell. L'arcada de la porta i les finestres gòtiques revelaven els seus cinccents anys d'antiguitat. En això, Puig veié que Ulisses se n'anava cap al cantonet i l'agafà perquè no l'embrutira. Preguntaren si l'edifici era visitable i els digueren que no, que els amos l'ensenyaven poques vegades. No podien esperar, perquè calia fer camí.

Eixiren a la carretera general i es dirigiren cap a Estivella, perquè la següent parada era el castell de Beselga . En arribar a les primeres cases, els infor-

maren que Beselga era el poblament antic i originari d'Estivella i els indicaren com podien anar-hi. Amb el vehicle arribaren fins al llogaret, perquè el castell s'alça sobre el tossal d'enfront i s'hi ha d'anar a peu. S'hi acostaren i comprovaren que només quedaven dretes dues de les quatre parets que formaven l'estructura del castell. Era migdia i encara els quedava un castell abans de pujar al Garbí.

En cinc minuts, per la carreta N-230, es presentaren a Torres Torres. Anaren directes al castell. Amb el vehicle arribaren fins al lloc de la porta i, de voler, hagueren pogut entrar-hi com ho feien els carros en l'Edat Mitjana. Les muralles exteriors del castell, que tendeixen a fer-lo circular, estan protegides per tres torres arredonides i l'entrada, que està situada al nord, per una quarta torre quadrada. Ulisses se n'anà a buscar la millor torre per alçar la pota esquerra i batejar-la. La torre de l'homenatge, que és quadrada i se situa al centre, es manté desteulada i les plantes assolades, més arruïnats encara estan els murs de les dependències que la protegien a mena de laberint. Quan acabaren de passejar-se'l, no pogueren resistir la gana, de manera que decidiren quedar-se a dinar a Torres Torres. Baixaren al poble i, mentre es menjaven l'entrepà, veren els banys àrabs i begueren aigua de l'antic aljub.

Observant les restes àrabs d'un mil·lenni d'antiguitat, acabaren de dinar i reemprengueren l'itinerari. Eixiren de Torres Torres i, en passar la cruïlla d'Algímia, tombaren a l'esquerra per enfilar-se cap al Garbí. La carretera és tortuosa i empinada. Pel camí comentaven les característiques de les fortificacions visitades, lamentaven el mal estat en què es troben i es preguntaven quines històries devien guardar. A la fi aparegué l'ombra del dubte: quines eren les intencions del senyor Miret? No tenia massa sentit visitar ruïnes per visitar-les, o bé que l'itinerari els depararia alguna sorpresa. S'engrescaren a discutir sobre la finalitat de l'itinerari: que si el senyor Miret volia que s'adonaren quant fonamentals havien estat els castells per al Camp de Morvedre, que si el que pretenia era que admiraren el paisatge... Aleshores, Berta digué:

—El senyor Miret volia que discutírem per què havíem de fer la ruta.

Havien arribat al coll de l'Oronet i deixaren la carretera de Serra per dirigir-se cap al Garbí. A pesar d'anar parlant, s'adonaren dels búnquers de la Guerra Civil que controlaven l'accés. No es detingueren, de seguida arribaren a Barraix i s'acostaren a la font, perquè figurava en el plànol de Vicent Miret. La font mira al nord. Allí l'aigua els sacià la set, el so dels rajos els asserenà, l'ombriu dels arbres els confortà i la flaire de les herbes els complagué.

Eixiren del racó on es troba la font i enfilaren l'últim tram que porta al Garbí. Quan accediren a la frondosa lloma de la font, la llum els indicà que es trobaven al cim, per més que la carretera transcorre encara corbant-se i ondulant-se amb suavitat. Finalment arribaren a un replà on el camí al Balcó es troba barrat. Aleshores, continuaren a peu fins a una propietat privada i la vorejaren. La tanca, que era de poca alçada i construïda de pedra seca, els permetia veure aquell lloc idíl·lic. Així, arribaren al costat est. S'arrimaren a l'ermita de la Creu, de la qual sols queda el senyal d'haver estat un segle allí fixada.

Tots cinc, però, dirigiren les seues mirades cap a llevant. La panoràmica era excepcional. El dia havia eixit clar i permetia contemplar, com si la tocares, bona part de la comarca: les serres de la Calderona i d'Espadà i enmig el curs del riu de Morvedre fins arribar a la immensa i blavosa mar. De sobte, en el punt més alt de la cresta del Garbí, veren un home amb ulleres i roba gris que llegia un llibre assegut a la roca. Pareixia un capellà. S'hi acostaren i un rètol de fusta els indicà el lloc on es trobaven: Balcó del Garbí. El tenien marcat en el mapa. No els costà res conversar amb l'home, ja que Ulisses es posà a ensumar-lo i Puig ho aprofità.

—Ulisses, no molestes l'home!

L'home alçà la mirada del llibre, es llevà les ulleres i els preguntà d'on eren i a sant de què havien vingut al Garbí.

—Som de València —s'afanà a dir Martí—, i hem vingut ací perquè un amic ens ha recomanat fer la ruta dels castells del Camp de Morvedre.

En sentir això, l'home es posà a parlar:

—Heu vist els castells, no? —preguntà l'home guaitant de reüll el mapa de la ruta. Sense esperar contestació continuà: — Són castells medievals, però marquen una ruta que té més de dos mil anys perquè a les immediacions hi ha un grapat de poblaments ibèrics. No sabeu la sort que teniu. El vostre amic sap que, per comprendre les històries, cal conéixer el lloc on han esdevingut. El lloc i el que fan les persones és inseparable. No es pot representar mai una obra de teatre sense escenari.

—Estem veient l'escenari de més de dos mil anys d'història! —exclamà Martí.

—Sí! A pesar de tot, la vista que veiem ara és pràcticament la mateixa que veren els nostres avantpassats de fa més de dos mil anys, perquè amb la llunyania es perden els detalls de les alteracions que les persones han fet en el paisatge. Per això podem dir que els ibers, si fa no fa, veren el mateix que nosaltres estem veient ara. Respecte a això, no sé si sabeu que els grecs, i molts altres pobles, creien que els déus residien a les muntanyes més elevades i millor situades del país. Des d'elles, vigilaven el comportament de les persones. Per què no havien de residir al Garbí els déus ibers? De ser així, la nostra mirada de la comarca des del Garbí podria ser pròpia dels déus.

—No estaria gens malament que, si els ibers veien el que nosaltres veiem ara des del Garbí, en baixar ens trobàrem en el seu temps —argumentà Berta irònicament.

Aprofitaren la intervenció de Berta per demanar a l'home que els orientara per arribar a Segart. Els

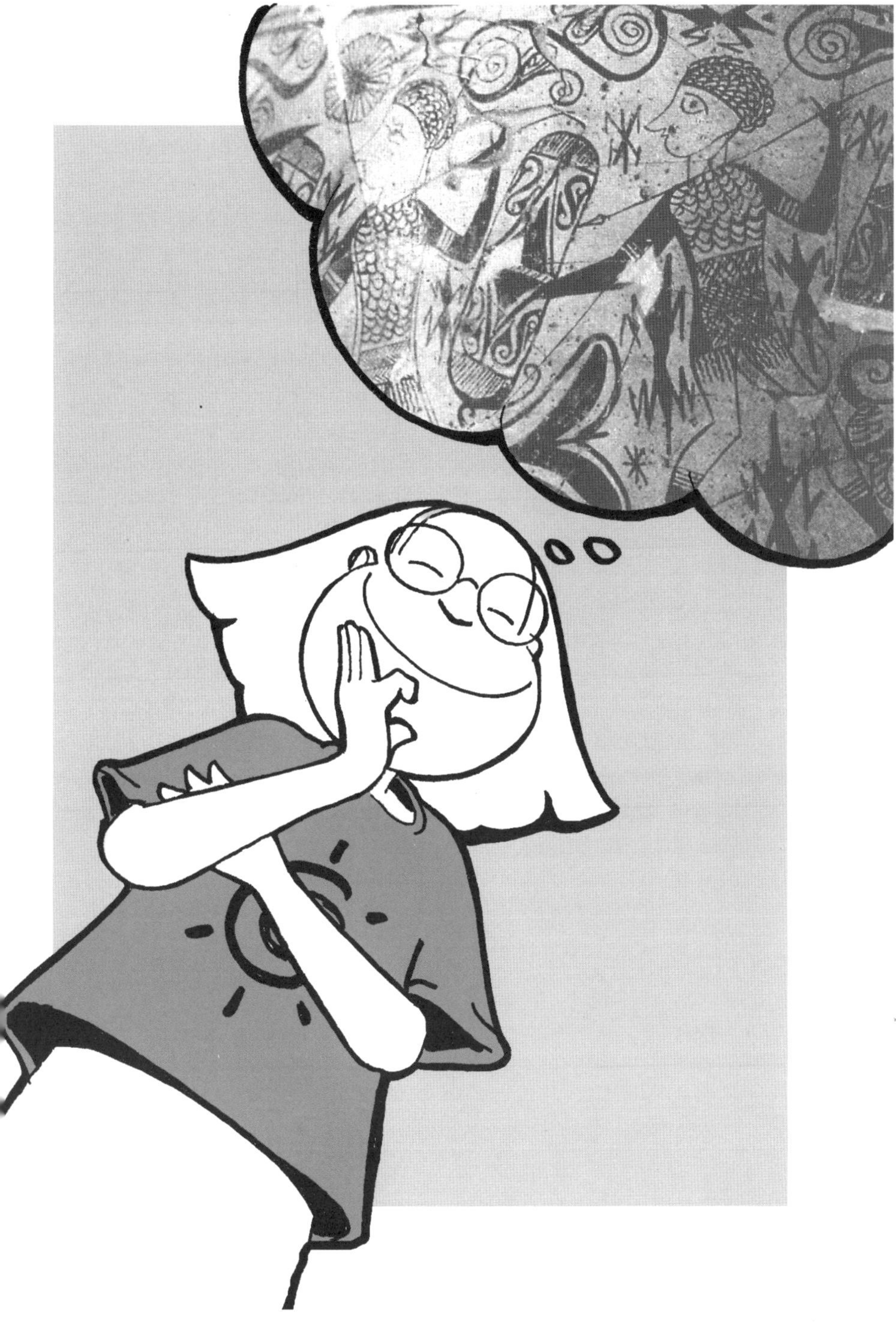

indicà el camí i els féu observar que els noms de Segart, Segó i Sagunt comencen igual. Ells, però, havien d'acabar la ruta i emprengueren el camí de baixada, no sense haver fotografiat l'esplèndida panoràmica des del Garbí. El descens fou ràpid perquè Segart se situa sota els penya-segats del Garbí. Tots cinc sentiren el canvi ràpid de pressió en els timpans i una mena de cosquerelles a la panxa, però no van comentar res perquè consideraven que era una sensació física natural. Certament ho era, si bé no ho era menys que amb la baixada es capbussaven en la història. Quan arribaren a Segart, deixaren el cotxe davant del llavador i pujaren al castell. És menut i es troba molt arruïnat, per això només pogueren identificar-ne un parell de torres i l'aljub. El trajecte des de Segart fins a Sant Esperit el feren per un camí de muntanya des d'on s'albirava una magnífica vista de l'Horta Nord. Voltaren la Mola i, pel Pic de l'Àguila, arribaren a la preciosa vall de Toliu. Només tingueren temps per beure i fer ganes de tornar. De camí a Sagunt passaren per Gilet, on descobriren, amagada al costat de l'església, la torre medieval.

4
La Via Heraclea

Quan la colla arribà a Sagunt, ja s'havia fet de nit. El tot terreny es detingué a la porta falsa de la casa de Vicent Miret. Tocaren a l'anella de la porta i, com que no van rebre cap resposta, pegaren la volta i tocaren el timbre de la porta del carrer de l'Araig. Vist que tampoc no contestava ningú, feren ús de la clau i hi entraren. Cridaren en veu alta i res. Com que el garatge estava buit, aparcaren el vehicle i descarregaren les motxilles. Tot seguit, es disposaren a pujar les escales i veure les habitacions on havien de passar la nit. Malgrat la il·luminació, la foscor ambiental els infonia més respecte. Anaven a poc a poc i, en arribar a l'últim replà de l'escala, veren uns papers a terra, els agafà Blanca. Eren una nota i un mapa per a ells.

—És l'excursió de demà! —exclamà, i es posà a llegir la nota en veu alta:

"Amics:

Espere que hàgeu tingut una bona excursió. Segurament estareu cansats i no sé si vos haurà agradat, però al meu entendre qui no contempla la comarca des del Garbí no la coneix bé i no pot entendre Sagunt com cal. Ara dutxeu-vos i sopeu, al rebost i a la nevera teniu menjar. Després, vos giteu i descanseu perquè demà heu de recórrer en bicicleta el camí històric més antic de la comarca, la Via Heraclea. Perquè no tingueu problemes, he confeccionat un itinerari amb les fites més importants. Com veureu, teniu molts quilòmetres a fer, per tant, bona nit!

Ah, demà de matí prepareu-vos un bon picnic perquè el necessitareu.

Vicent Miret"

—Mireu, a les portes hi ha papers enganxats amb els nostres noms! —exclamà Martí tot just acabà la lectura.

Efectivament. Tothom entengué que Vicent Miret havia escrit el nom de qui havia d'ocupar cada habitació: la primera era un dormitori d'un llit i havia estat concedida a Blanca, la segona disposava de dos llits i l'ocuparien Berta i Puig, i la tercera també en tenia dos i estava destinada a Jamal i Martí. Entraren a les habitacions, regiraren els armaris, que estaven buits, i s'abocaren a les finestres, que donaven al pati. Hi havia una quarta habitació que per respecte no intentaren obrir perquè deduïren que era el dormitori del senyor Miret. A més a més, hi havia un bany com el de la planta baixa.

—Vingueu, vingueu! —cridà Puig des de la porta de la terrassa.

Els amics acudiren a la crida i els encarà a una porta que des de la terrassa donava accés a la biblioteca. Hi entraren. Constava de dues estances, la primera era ampla i alta, i la segona xicoteta i acollidora. En cadascuna de les estances hi havia una paret coberta per una llibreria. A la dreta de l'entrada de la sala gran, una escala de fusta permetia l'accés a la part superior de la llibreria. Les lleixes estaven farcides de

llibres i la colla es quedà meravellada. Quan reaccionaren, suposaren que el senyor Miret devia ser un home cultе, a qui li agradava llegir de tot, però sobretot història, perquè aquesta matèria n'ocupava una bona part de l'espai. Quan més a gust es trobaven llegint i regirant, repararen que era tard i calia dutxar-se, sopar i dormir.

Mentre es dutxaven, comentaven que la casa del senyor Miret era interessant i misteriosa. En acabat, baixaren, obriren la nevera i comprovaren que contenia menjar a manta. En una cassola hi havia conill amb tomata; en una altra, mandonguilles d'abadejo; en un plat, ximos; en una caixa, formatges de tota mena...; al congelador hi havia carn de corder, de porc i de vedella..., i menjars preparats com ara pizzes, canelons, lasanyes... Al rebost trobaren galetes i pastes per desdejunar, llaunes de conserva de tonyina, sardines..., i penjaven llonganisses de Pasqua, botifarres, mallorquines, fuets i un pernil. Soparen i durant la sobretaula parlaren de l'excursió, que el senyor Miret titulava: La Via Heraclea.

—Blanca, què és això de la Via Heraclea? —preguntà Puig.

—Via vol dir camí i Heraclea ve d'Hèracles, l'heroi i déu grec que els romans anomenaven Hèrcules.

—És a dir, demà recorrerem el Camí d'Hèrcules —aclarí Berta.

—Crec que se'ns proposa buscar alguna cosa —cavil·là Jamal.

—Quina cosa, Jamal?

—Martí, no ho sé, però recordeu que el senyor Miret deia que ens necessitava. Potser ens necessita per buscar alguna cosa. Però, què?

Parlant-ne es va fer massa tard. Quan s'adonaren de l'hora que era, se n'anaren a dormir. Blanca s'emportà el mapa al dormitori per fer-li encara una ullada, la resta s'adormí preguntant-se: "Per què ens necessita el senyor Miret? Si ens necessita, on és?".

De bon matí, Blanca els despertà. S'alçaren, es llavaren, arreglaren les habitacions i es repartiren la feina: uns prepararen el desdejuni, altres prepararen el picnic i després, entre tots, deixaren la cuina com una patena. A les deu ja tenien les motxilles al llom i les bicicletes preparades a la porta de casa. Quan Ulisses ocupà el portamaletes, exiren de Sagunt. Pel camí de Llíria arribaren a Puçol i d'allí feren cap a la mar. Al mateix límit del terme, on s'acaben els apartaments de Puçol, trobaren la marjal dels Moros.

En arribar a la mateixa línia de costa, baixaren de les bicicletes i segueren a la voreta de la mar. Estigueren poca estona, no els donà temps ni d'esbrinar que l'arena i la grava estaven ennegrides encara per l'escòria que llançava a la mar la siderúrgia. S'apartaren de les ones monorítmiques i, rebent la brisa marina, s'introduïren en la reserva natural acompanyats pel cant dels ocells. Anaven pel camí que voreja la gola de l'Estany. No havien passat ni cinc minuts caminant, quan els va eixir al pas un home major amb una bicicleta, vestit amb pantalons curts, camisa marró i barret de palla.

—Bon dia! —els saludà l'home amb veu temprada.

—Que vosté és guarda? —li preguntà Puig, mirantlo com si el coneguera.

—Si fa o no fa...

—Doncs, podria ensenyar-nos la marjal —insistí Puig.

Semblava que l'home estava esperant la invitació, perquè de seguida els proposà conduir-los a un observatori. Ho acceptaren. Es desviaren per un camí que s'obria pas entre canyissos i joncs. A la vora dels aiguamolls, deixaren les bicicletes i seguiren a peu per una passarel·la de fusta, protegida a l'oest per canyissots que eviten escarotar les aus. Arribaren a l'observatori, una caseta acollidora de fusta. Seieren, contemplaren la marjal i observaren amb llargavistes les aus que en aquell moment covaven. Després, donaren una volta per la marjal i l'home, en sentir-los parlar de la Via Heraclea, els digué:

—Aneu cap al nord? Vos puc acompanyar?

Tots cinc es miraren i hi accediren, tot i indicant-li que ells seguien un pla. Com que l'home no tenia cap inconvenient a adaptar-s'hi, pujaren a les bicicletes i per vora mar arribaren al Grau Vell. Es detingueren davant les antigues edificacions. Sense que la colla li ho demanara, començà a explicar-los que la torrassa més ferma era del segle XVII i que la de darrera encara era més vella. Les dues havien guardat el port i la costa dels pirates. La veritat era que tot es conservava amb tanta descurança que ningú no diria que allò havia estat un port. Aleshores, li preguntaren on atracaven els vaixells. L'home, en veure que començava a interessar-los la

història, els portà a una zona d'excavacions properes. Situats entre les ruïnes i la mar, els explicà que tenien aproximadament una antiguitat de dos mil cinc-cents anys i que, en conseqüència, ja existien quan Anníbal destruí Sagunt l'any 218 abans de Crist.

—Ací —els indicava amb les mans—, hi havia l'espigó nord i, on són les torres, l'espigó sud. Suposem que el port disposava d'una zona interior, que avui és marjal.

Continuaren el camí que voreja la costa i, quan passaren per la zona fabril del port actual, els contà que estaven seguint una antiga sendera, per la qual tenien dret de pas lliure les persones i les bèsties. Arribaren al Port, nucli urbà, i hagueren de posar-se en fila índia, de manera que l'home anava davant i no podia parlar amb ningú. Creuaren el riu, passaren la platja de Canet, la d'Almardà, la de la Malva-rosa, i arribaren als estanys d'Almenara. Allí, entre les ruïnes del temple romà dedicat a Venus, es posaren a dinar. Aleshores, Puig li preguntà si el camí que havien fet podria ser la Via Heraclea.

—Potser sí! I, si no ho és, hi aniria paral·lel. Precisament, una de les llegendes sobre l'origen de Sagunt té molt a veure amb la Via Heraclea.

Berta pregà que els la contara, i l'home amb molt de gust es posà a explicar-los-la.

—Potser sabeu que el desé treball d'Hèrcules fou robar els bous a Gerió —es detingué, mirà la cara que posaven i continuà—. Gerió era un gegant monstruós, perquè a partir de la cintura tenia tres cossos i, en conseqüència, tres caps i sis braços. Per aconseguir els bous, Hèrcules hagué de matar Gerió. De tornada a Grècia, vorejà la costa de la Península

Ibèrica. Per terra anava l'exèrcit amb els bous i per mar els resguardaven les naus. En arribar al Camp de Morvedre, es detingueren a passar la nit. Per ventura esdevingué que mentre dormia un dels capitans d'Hèrcules, Zacint, fou mossegat per una serp i morí. Aleshores, Hèrcules construí una poderosa torre en honor de l'amic. El lloc per construir la torre i deixar constància de la ruta d'Hèrcules fou el punt més elevat de la muntanya que acompanya el riu a la mar. En això, els homes de Zacint edificaren cases pels voltants i s'hi quedaren a viure, i així nasqué la ciutat de Sagunt.

Mentre dinaven, l'home els narrava la llegenda de l'origen de Sagunt i els passà el temps volant. Quan acabà la contalla, continuaren el viatge de tornada. L'home anava davant i, com portaven el cansament dins, només el seguia de prop Berta, perquè muntava la bicicleta del seu iaio. L'home li comentava la llegenda. Berta estava tan absorta que no s'adonava que es distanciaven cada vegada més dels amics. De fet, quan se n'adonaren, havien perdut la resta dels companys. Es detingueren per esperar-los. Berta no sabia, però, que no arribarien mai a aquell camí, perquè, seguint el mapa, se n'havien anat cap a la Vall de Segó.

Blanca, Puig, Martí i Jamal arribaren preocupats a la torre de Benavites. Com no hi eren, seguiren cap a la font de Segó. Allí, tampoc els trobaren. Aleshores, preocupats, es dirigiren directament a casa perquè pensaren que, en partir-se l'expedició, Berta i l'home havien decidit tornar a Sagunt.

5
Assetjats per Anníbal

Mentre esperaven, l'home explicava a Berta que la fundació de Sagunt per Anníbal era només una llegenda, és a dir, una narració que barreja fets reals i fantasies. Tot seguit, però, li féu observar el punt més elevat del castell de Sagunt, on encara s'endevina la base de la torre d'Hèrcules. A continuació, li revelà que el camí en el qual s'havien detingut es deia el camí de la Serpeta, on segons la tradició havia mort Zacint. Berta estava confusa, perquè no sabia on acabava la llegenda i on començava la realitat. En això, recordà la frase del vellet del banc de les Mentides i li preguntà a l'home:

—On acaba la veritat i on comença la mentida de la fundació de Sagunt per Hèrcules?

—Bona pregunta, Berta. El problema és contestar-la. Sabem que la llegenda la contaven els romans i que hi ha un plom en què es demostra que els grecs de fa vint-i-cinc segles comerciaren amb la ibèrica Sagunt. Saganta, l'anomenaven els grecs —aclarí—. Sí, els romans feien història de les llegendes. El més curiós, com dic, és que les llegendes tenen una base real —insistí l'home, com si amb l'explicació li anara la vida—. A Sagunt es conten i es viuen moltes llegendes. N'hi ha una, però, tan magnífica que ha embolicat molts saguntins des de fa vint-i-dos segles.

M'estic referint al cavall d'or que els saguntins amagaren moments abans que Anníbal destruïra la ciutat.

Berta, sense saber ni preguntar-se el per què, se sentia extraordinàriament atreta per les històries de l'home. L'escoltava atentament i desitjava saber com Anníbal havia destruït Sagunt.

—Començaré des del principi —digué l'home—. Els ibers de Sagunt vivien en masos, dispersos pel camp, i en ciutadelles, on residien fonamentalment els dirigents i els guerrers de les tribus. La principal ciutadella era Arse, que ocupava la muntanya del Castell. El poder de Sagunt era tan gran que s'enfrontà a l'exèrcit cartaginés, que era el més poderós a la fi del segle III abans de Crist. Diuen que Anníbal dirigí cent cinquanta mil soldats per reduir el territori saguntí que li tallava el pas cap a l'Ebre. Vuit mesos li costà conquistar el territori i véncer l'Arse saguntina. Els moments finals hagueren de ser tràgics. Destruïdes les cases de camp i les ciutadelles, i dispersats els guerrers, la gent corria a refugiar-se a l'Arse saguntina...

La força de la història, l'harmonia de la veu i l'èmfasi del narrador convertiren l'atenció de Berta en tensió. De sobte, se li enterbolí la vista i va sentir-se marejada. Van ser uns segons, perquè de seguida continuà sentint la narració. A partir d'aquell moment, però, ella i l'home formaven part de la història, com uns protagonistes més, i la seua voluntat ho acceptava amb naturalitat.

—Berta, sents com jo una forta cridòria? Són persones que corrien espantades cap al castell. Anaven carregades amb fardells i animals! I ara? Sons de trompes de guerra! Fixa't. Veus, com jo, aquella gentada que mirava Arse des dels pujols d'Almenara? Són els exèrcits d'Anníbal que, en trencar la resistència ibera de la vall de Segó, aconseguiren a la fi assetjar-la.

Muntaren les bicicletes, com si foren cavalls, i s'enfilaren cap a la ciutat. Sentien la por de la gent que pretenia aconseguir refugi i protecció dins d'Arse.

—Les persones majors queien esgotades i es lamentaven de la desgràcia que els afligia; els menuts no paraven de plorar; i els joves, carregats com anaven, buscaven els familiars que es quedaven endarrerits.

Berta hauria auxiliat els més necessitats, però l'home no la deixava i corrien cap a la ciutat. A la fi, arribaren al riu i la ciutat es presentava com un veritable refugi.

—Davant les portes de la ciutat que miren al nord, s'amuntegaven per entrar els qui venien per la Via Heraclea i els qui baixaven pel camí de Terol. A empentes entraven a Arse per una porta que flanquejaven dues torres construïdes sobre uns murs de pedres immenses. Dins la ciutat, els residents encaminaven les persones pels diferents recintes d'Arse: els vells i menuts eren conduïts a les zones més elevades i centrals de la muntanya fortificada, i la gent jove la situaven junt a les muralles.

Berta s'identificà amb els joves, per ser més útil. L'home li proposà deixar els arreus al lloc dels cavalls i buscar el millor lloc per acometre la missió. Ella el seguí.

—Recorregueren totes les places del recinte i finalment accediren a la part més elevada, on se situava la torre d'Hèrcules i les institucions més importants. Des d'allí observaven bona part de la ciutat i els voltants. Les seues mirades es dirigiren cap a la mar, on algunes galeres salpaven i escapaven dels cartaginesos que prenien el port. Poc després, l'incontenible

exèrcit cartaginés aconseguia assetjar Arse, les nombroses companyies formaven un cercle que anava per l'altra banda del riu, la mar i a dos estadis al sud de la muntanya. Quan entrà la nit, les fogueres dels assetjadors descrivien una diana perfecta. Sota les estrelles, la plàcida nit saguntina s'omplia de precs i laments que contrastaven amb les rialles i els crits desafiants dels invasors. Mentrestant, el senat es trobava reunit permanentment tractant els problemes que no deixaven de plantejar-se.

Berta s'ho mirava com si estiguera situada darrera dels últims bancs i intentava inútilment entendre el que deien en iber els representants de la ciutat.

—La situació era desesperada, i els senadors, que estaven clarament enfrontats, com demostraven els gestos, arribaren a un acord. En això, anunciaren algú, detingueren la conversa i entrà un guerrer perfectament equipat amb espasa, cuirassa i gamberes per protegir les cames. Després de saludar el senat i parlar, se n'anà en companyia de persones distingides, una de les quals anomenaven Abilix. Es dirigiren a un lloc de guàrdia de la muralla que baixava des de la Torre d'Hèrcules a la falda de la muntanya. El cap militar els donà una ordre, i un darrera l'altre es filtraren per la muralla i desaparegueren.

Berta no s'explicava per on podien haver eixit els assetjats, s'acostà amb l'home a la muralla i veren que el mur es travava amb la muntanya i conformaven una porta secreta.

—Eixiren de la ciutat i avançaren en la foscor de la nit sigilosament i en completa prudència. S'amagaven entre les roques i les plantes. En arribar al riu, el creuaren i aprofitaren les sèquies per burlar els guaites fins creuar les guarnicions cartagineses. Aleshores, els militars, emocionats i en silenci, acomiadaren els distingits senyors.

Berta comprengué que es disposaven a reorganitzar les zones de la reraguarda.

—De tornada a la ciutat, els guerrers s'esmunyien en les tendes de campanya i degollaven els caps que hi dormien. En despuntar el dia, un crit esfereïdor trencà la cansada remor dels plors i donà entrada a una cridòria infernal. Els cartaginesos començaren a preparar l'atac. Els guerrers ocuparen les posicions i repartiren entre la gent jove armes ofensives: fones amb bales de plom, llances (falàriques), espases (falcates), i també ferramentes de ferro per enfrontar-se a l'enemic. Amb l'ajuda d'elefants, els cartaginesos situaren en la part més baixa, davant de la porta nord, torres i ariets. Tothom creia que era el punt elegit per començar l'atac. Els tabals no paraven de tocar i milers de cartaginesos tancaven el cercle a poc a poc. De sobte, aparegué per l'oest de la muntanya Anníbal sobre un cavall negre. El general donà pas a dos elefants africans. L'avanç ferm dels paquiderms es detingué a la distància justa d'un tret de fona i allí col·locaren les catapultes que arrossegaven. Els enginys guerrers estigueren tot el dia vomitant pedres, que anaven destruint a poc a poc les muralles, i boles de foc, que consumien els defensors. No obstant això, els homes eren reemplaçats i els foners no deixaven que s'acostaren els cartaginesos i, si algú aconseguia arrimar-se a la muralla, era blanc de les llances.

Berta es bellugava d'un lloc a un altre d'Arse i pressentia el pitjor.

—Al capvespre, l'atac estava generalitzat en tot el perímetre emmurallat. La situació era angoixant, els defensors no havien tingut temps de descansar, mentre els atacants es rellevaven a torns. Quan els arsetans es trobaven exhaurits, la fortuna volgué que una falàrica arsetana aconseguira ferir en la cama el general Anníbal. Tot seguit, els cartaginesos feren una cuirassa d'escuts sobre Anníbal i el posaren fora de l'abast dels defensors. A partir d'aquell incident, els atacs cartaginesos s'aturaren. Els saguntins aprofitaren per retirar els morts que s'amuntegaven sobre els murs i recuperar les armes dels caiguts. Després, col·locaren els cadàvers en una gran pira i els sacerdots ofrenaren el sacrifici de llur vida al déu Mart i li botaren foc. Mentre es cremaven, es féu un silenci sepulcral, i s'omplí tota la ciutadella d'un olor profundament desagradable, que els arsetans aspiraven profundament com encens que els preparava per afrontar una lluita a mort.

Berta sabia que només havien aconseguit allargar l'agonia.

—En els dies posteriors, mentre Anníbal guaria la ferida, els atacs cartaginesos eren curts i intermitents perquè tenien la finalitat de desgastar els saguntins. De fet, a banda de les baixes, s'acabava l'aliment i les forces flaquejaven. En aquella situació desesperada, Alcó, un arsetà que no recolzava l'enfrontament amb els cartaginesos, abandonà la ciutat i aconseguí arribar al mateix cor de la comandància enemiga. Després de presentar-se i explicar el seu objectiu, Alcó demanà a Anníbal les condicions d'una possible rendició dels arsetans. Anníbal, sota un somriure malèvol, digué que, si es rendien i li

lliuraven tots els béns públics i privats, els perdonaria la vida, però serien desterrats. A Alcó se li enfosquí la ment i es posà les mans al cap. Les condicions d'Anníbal eren tan vexatòries que no s'atreví a tornar a la ciutat i exposar-les als conciutadans. L'oferta d'Anníbal posava de manifest que l'atac final era imminent i que estava segur de la victòria cartaginesa. Aleshores, Alorc, un hispànic de l'exèrcit d'Anníbal que havia viscut a Arse, acceptà trametre el missatge. Segurament, Alorc pretenia orientar els saguntins amics seus. Quan Alorc exposà les condicions de la rendició als saguntins, els senadors d'Arse quedaren petrificats.

Berta perdé la força de les cames i caigué asseguda a terra.

—Alorc abandonà la sala amb silenci i, tot seguit, els senadors amb més disposició es posaren a organitzar l'ocàs. Calia no deixar res de valor en poder dels cartaginesos, menys encara l'or i la plata del tresor públic. Tot el món corria...

Aleshores, l'home, amb la finalitat d'interessar Berta en la narració, li digué:

—Atén! Que no vols saber què van fer amb el tresor públic?

Berta, però, davant de tanta desgràcia i sofriment, considerà que l'home es movia per diners i marxà corrent muntanya avall. A mesura que s'allunyava de l'home, el paisatge i les ruïnes es mostraven tal com es presenten en l'actualitat un diumenge de Pasqua.

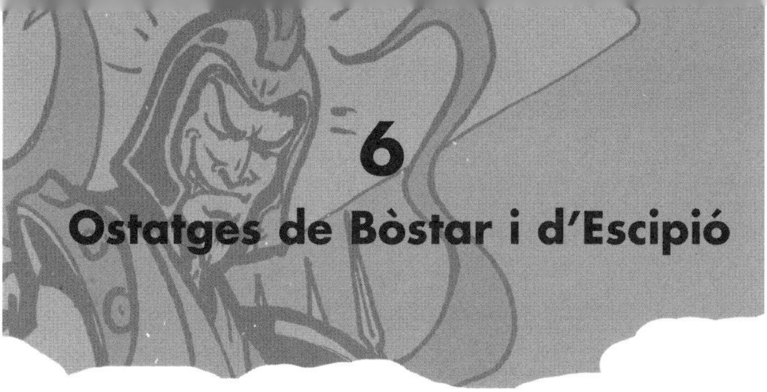

6

Ostatges de Bòstar i d'Escipió

Feia dues hores que Blanca, Puig, Martí i Jamal havien arribat a casa de Vicent Miret. Es trobaven en el saló menjador parlant de la inexplicable pèrdua de Berta. Recordaven l'últim moment en què l'havien vista i especulaven sobre què li hauria pogut passar. Descartaren que haguera tingut un accident, perquè telefonaren a l'hospital i no hi havia ingressat cap xiqueta amb el nom i les característiques de Berta. Desestimaren que s'haguera perdut, perquè anava amb una persona major que es coneixia la comarca. Endemés, en cas d'haver-se perdut, havia transcorregut ja el temps suficient perquè haguera tornat a casa orientant-se pel castell o preguntant. A la fi, pensaren que l'home la podria haver raptada. Era el supòsit més probable, perquè, de l'home que els guiava, no en sabien ni el nom. A partir d'ací, especularen sobre on se l'hauria poguda emportar i amb quina finalitat. Puig tenia Ulisses al braç i ploraven. Martí no parava de fer preguntes que no rebien resposta. Jamal era partidari de no quedar-se esperant. Blanca intentava reconfortar-los i els repetia que es calmaren, que no dramatitzaren. En aquest ambient, Jamal digué que eixiria a fer una volta i que, si no la trobava, parlaria amb la policia local a veure què li aconsellaven. La resta hi estava d'acord, però decidiren que no aniria sol, que l'acompanyaria Martí. Entretant Blanca i Puig no es mourien de casa per si hi acudia o hi arribava cap novetat.

Jamal i Martí eixiren de casa per la porta del carrer d'Araig i, en arribar al carrer de Cavallers, giraren a la dreta, cap a l'església de Santa Maria. Quan hi arribaren, veren l'home assegut al banc de les Mentides. Se sorprengueren, com si hagueren vist un fantasma. Reaccionaren i li preguntaren amb una certa prevenció:

—Hola, senyor! I la nostra amiga Berta?

—Fa un minut que corria cap a casa. Si no l'heu vista, és perquè vos heu creuat.

Era la millor notícia que podien esperar. Mai no hagueren pensat que un panorama tan negre, quan la foscor de la nit embolcallava ja la ciutat, s'il·luminara de sobte. L'alegria es reflectia en les cares dels dos amics.

—Nosaltres pensàvem que...

—Vosaltres pensàveu qualsevol cosa. El que m'ha passat és, senzillament, que he agafat un altre camí diferent al que teníeu marcat a l'itinerari —els explicà l'home—. Ara ja està Berta a casa, i el més important és que heu conegut la Via Heraclea i la llegenda de la fundació de Sagunt. Però encara heu d'aprendre moltes històries —afirmà l'home, al temps que els dos amics perdien les presses i s'abandonaven a la conversa—. La gent ha sentit contar que Anníbal destruí Sagunt. Aquesta gent, però, no coneix bé la història. Fem-ne una prova. Vosaltres sabeu què passà a Sagunt després de la victòria d'Anníbal?

—Poca cosa, perquè quedà destruïda —contestà ràpidament Martí.

—Efectivament, això ho diu tot el món. La gent no coneix bé la història, creu que Anníbal destruí Sagunt completament i que els habitants moriren en la guerra o es llançaren a les fogueres. Si sabera la història d'Abilix, o la història de Sertori, no ho diria. Hi ha proves que demostren que Arse no quedà arrasada. És cert que Anníbal tardà vuit mesos a destruir tot el territori saguntí i rendir la capital, Arse. Però després d'allò, l'Arse saguntina continuà encunyant moneda i això ens indica que la vida era intensa. Vos contaré què passà immediatament després de la famosa destrucció.

L'expressió fluïda de l'home, la sonoritat del seu parlar i la il·lusió que posava en la conversa, captivà els dos amics i oblidaren que els estaven esperant.

—Anníbal, per evitar que els ibers es reorganitzaren, posà en pràctica un malèvol pla: captivaria els fills dels caps ibers i es reclouria a Arse. Sabia que, amb els hereus segurs, tindria les esquenes cobertes, perquè els ibers no se li enfrontarien de nou. Aleshores, Anníbal encarregà aquesta missió al general cartaginés Bòstar i ell creuà els Pirineus i es dirigí cap a Roma per atacar-la. Vosaltres —preguntà per capficar-los definitivament en la història—, si Arse haguera estat desfeta, haguéreu concentrat els hereus captius a Arse?

—No, no! —contestà Jamal com a expert jugador d'escacs.

—Efectivament, Arse encara era una fortalesa segura per retenir els hereus ibers com a ostatges. Reclosos en una de les terrasses de la torre d'Hèrcules, el seu control era fàcil. No els tractaven físicament malament, però no podien córrer lliures de la mar a la muntanya i no sentien les carícies i els consell dels pares i avis. Des de la torre s'albirava una part important del territori. Els menuts miraven apenats la immensa mar, la feréstega muntanya i la fèrtil plana. No perdien detalls dels moviments de l'exèrcit de Bòstar pels voltants d'Arse i guaitaven amb esperança el camí de Terol i la Via Heraclea. Els de la vostra edat narraven contalles i organitzaven jocs que a penes no els animaven.

Jamal i Martí, que se sentien atrets per la modulació de la veu de l'home, ara se sentien protagonistes. S'imaginaven entre la xicalla jugant i animant els més menuts.

—Bòstar estava segur de controlar la situació, perquè ningú no posaria en perill la vida dels hereus i menys encara els ibers partidaris de la causa cartaginesa. Entre els nobles ibers que gaudien de la confiança dels cartaginesos es trobava Abilix, el qual havia estat amic d'ells en moments ben difícils i podia moure's amb facilitat pel país. Aquesta llibertat li permeté assabentar-se que l'exèrcit romà, dirigit per Publi Corneli Escipió, havia desembarcat a Tarragona. Abilix, que coneixia ja massa bé els fets del cartaginesos, anà a veure el general romà i s'assabentà de la seua força i de les seues intencions. Durant la conversa, parlaren del futur del poble iber, però només Abilix i Escipió sabien què havien acordat.

Jamal i Martí, com els passava als hereus ibers, no sabien a què jugava Abilix, si era procartaginés, per què havia anat a veure l'Escipió?

—Després de parlar amb els romans, Abilix es replantejà què fer. En pensar-s'ho bé, decidí visitar Bòstar i l'informà de l'arribada a l'Ebre dels romans i de les intencions que portaven. Això volia dir que, si els cartaginesos mantenien els joves ostatges, els ibers recolzarien els romans. Aleshores, Abilix digué a Bòstar que seria més intel·ligent tornar els ostatges i així serien els cartaginesos qui tindrien l'ajuda dels ibers a l'hora d'enfrontar-se als romans. L'argument d'Abilix convencé Bòstar i concretaren com ho durien a efecte.

Els xiquets ja entenien més els fets, ja que estava clar que Abilix pretenia ajudar els cartaginesos, com sempre havia fet. Això els alegrava, perquè anava a beneficiar-los.

—La nit acordada, un grup de genets encapçalats per Abilix es presentà a Arse. Bòstar els va rebre i es disposà a lliurar-li els joves hereus perquè els fera arribar a les seues cases, convençut que els ibers li ho agrairien i es posarien de part dels cartaginesos.

Jamal i Martí, mentre la xicalla dormia en aquelles hores de la nit en una estança de la ciutadella, miraven en silenci el cel i hi buscaven l'estrella més brillant per demanar-li un miracle.

—Aquelles criatures, però, trobaven el somni més feliç veient-se en la normalitat dels seus poblats. Ningú no s'imaginava que tenien ben a prop l'alliberament. De sobte, grinyolà el forrellat i amb un moviment ràpid clavaren els ulls en la porta. Aquesta s'obrí i la llum del gresol il·luminà el guardià i dues persones més, Abilix i Bòstar. El soroll despertà els menuts que, en veure'ls, s'alçaren espantats d'un bot. Quan Abilix anuncià amb llur llengua pròpia que tornaven a casa, no s'ho podien creure. Es rebregaven els ulls, perquè creien que es tractava d'un somni massa bonic. La xicalla, incrèdula, els seguí. Portaren els menuts a la part baixa de la ciutat, on els hòmens d'Abilix els esperaven amb cavalls. Cada menut pujà darrera d'un genet.

Jamal i Martí desitjaren muntar sobre els cavalls lliures que portaven.

—De camí es morien de ganes de preguntar-li a Abilix com podia ser amic dels cartaginesos. No era possible, però, perquè anava davant dirigint la comitiva. Encara s'inquietaren més quan descobriren que Abilix, en compte de portar els hereus ibers cap a les seues cases, seguí la Via Heraclea en direcció nord. Efectivament, no anaven a casa. Arribaren a l'Ebre i, aprofitant la nit, passaren la vigilància romana i arribaren davant l'Escipió. Aleshores, Abilix reagrupà els joves ibers i li'ls lliurà. L'Escipió s'adonà que Abilix havia canviat de bàndol, que estava a favor seu. Els romans enaltiren Abilix i li ho recompensaren.

La xicalla, igual que Martí i Jamal, es considerava traïda, perquè ara eren ostatges dels romans. Què més dóna, tant se val ser ostatge dels cartaginesos que dels romans, pensaven.

—Certament, eren ostatges dels romans, però per poc de temps. Els joves ibers no sabien que Escipió, per la conversa secreta amb Abilix, volia tornar-los a les seus cases i així serien els romans qui aconseguirien tenir els ibers al seu costat. Abilix, amb els seus seguidors i els romans, recorregueren les ciutadelles iberes i amb gran festeig deixaven els menuts amb els pares. Quan baixaven de les gropes dels cavalls, se n'anaven corrent i els familiars es posaven molt contents i obsequiaven Abilix i els romans amb regals, menjar i música.

Jamal i Martí, que estaven submergits en la narració, després d'escoltar que, en arribar al poble, els hereus ibers corregueren cap a casa, feren el mateix, començaren a córrer cap a casa. L'home, que pretenia seguir amb la narració, cridava en veu cada volta més alta:

—A partir d'aquell moment començà la romanització. A partir...

Els dos amics sentien la intensa atracció de la veu i de les contalles de l'home, però aquella força era contrarestada per l'efecte de les amigues que els estaven esperant. Aleshores, confosos encara, perquè no sabien ben bé si corrien cap a casa com a protagonistes de la narració o de la realitat, s'allunyaven cridant:

—Ja! A partir d'aquell moment començà la romanització. Demà ja ens ho explicarà, que ara ens estan esperant.

7
La veu de l'amfitrió

Jamal i Martí arribaren a l'Araig 9 en un minut. Tocaren el timbre i Ulisses, que advertí la seua presència, començà a lladrar. Les tres amigues corregueren cap a la porta i, en obrir, s'abraçaren els cinc en cercle i començaren a riure, a saltar i a cridar de goig. Quan es calmaren, Puig digué:

—Bé, ja que hi som tots, és el moment de parlar del que li ha passat a Berta.

—A Berta i a nosaltres. Eh, Martí? —afegí Jamal.

—Que a vosaltres, què vos ha passat? —preguntà Berta amb curiositat.

—Hem vist l'home i... —aclarí Martí, i mirà Jamal com si li demanara ajuda.

—Hem vist l'home i ens ha dit que Berta ja havia arribat a casa. Aleshores, aprofità la nostra satisfacció per seguir contant-nos històries de Sagunt.

Berta se'ls mirava expectant, perquè si els seus amics havien viscut les narracions de l'home, estava clar que ella no ho havia somiat. Aleshores els preguntà cautelosa:

—Mentre contava la història, sentíeu alguna cosa?

—No, sí... Bé, estàvem...

—Açò promet ser interessant, amics, però per què no ens ho expliqueu sopant? —proposà Blanca interrompent el diàleg.

S'havia fet tard, i com que tots tenien gana, seieren al voltant de la taula que Blanca i Puig havien parat al pati. Havien fet dues truites, una de creïlla i l'altra de ceba, havien preparat pa amb tomata i un plat amb tallades de pernil i llonganissa de Pasqua. Per picar, tenien olives farcides, ametles i cacauets. I per beure, refrescs de taronja, llima i cola. La veritat és que no els importava massa el menjar, els preocupava més aclarir què els estava passant. No perderen temps, es posaren a sopar i entre mos i mos, o amb la boca plena, anaven parlant i reparlant.

—Berta, explica'ns tu primer què t'ha passat —demanà Jamal mostrant un cert interés investigador.

—És ben senzill! L'home anava explicant-me el setge d'Arse per Anníbal i jo el seguia atentament.

—I això és tot? —preguntà disgustada Puig—. Perquè la teua atenció et va fer perdre el grup i, malgrat anar davant, has arribat unes hores després que nosaltres —exposà els dubtes que Blanca i ella s'havien fet durant la desesperada espera.

Berta es quedà pensativa un moment, perquè no sabia com expressar el que havia experimentat, i la resta la mirava, però sobretot Jamal i Martí que també estaven pensant el mateix. Estava inquieta i dubtosa, cosa estranya en ella.

—No t'ho creuràs, Puig, però t'assegure que no m'adonava que em separava del grup, ni de l'hora que era. Ni ara sé, si m'he perdut realment.

—I dius que el que t'ha passat és molt senzill? —preguntà Puig escèptica.

—De veritat t'ho dic, no sé si és més complicat —confessà humilment Berta.

—No et preocupes, Berta —digué Blanca—, el

que t'ha passat deuen ser els efectes màgics de la bicicleta del teu iaio.

—Estic convençuda que la bicicleta m'ha permés seguir l'home, deixar-vos enrera, però passar del temps i de l'espai... No ho tinc clar.

—Crec que sé el que t'ha passat, Berta —digué Jamal que estava escoltant-la amb els cinc sentits—. Jo crec que la veu de l'home t'absorbí completament, de manera que no podies deixar d'escoltar-lo, com ens passà a nosaltres dos. No és així, Martí?

—Crec que sí, Jamal.

—Sí! —cridà Berta—. La veu de l'home és... Com ho diria? És..., captivadora.

—Aquesta és la paraula! —exclamà Jamal—. L'home amb les seues narracions et captiva. Sí, perquè et sents protagonista de la narració, i oblides el pas del temps i on te trobes.

—Això és paregut al que féu la bruixa Circe, que captivà amb els seus encants l'heroi Ulisses i li féu perdre la noció del temps.

—Ara resultarà que heu estat captius d'un home tan servicial —digué escèptica Puig.

—La veritat és que això que conteu és increïble —completà Blanca.

—No senties això, Martí? —preguntà Jamal.

—La veu de l'home t'atrau, i et fa protagonista de la història, i ja no manes de tu. L'home conta i conta, i tu vius la història. Nosaltres haguérem d'eixir fugint quan els menuts saltaren de la gropa del cavall i corregueren cap a casa —explicà Martí.

—I jo me n'aní corrent quan la gent fugia desesperada —afegí Berta.

En arribar en aquest punt de la conversa, Blanca demanà que sense atropellaments, explicaren bé les històries que l'home els havia contat, i ells les contaren des del principi a la fi. En acabat, els invadiren els dubtes. Aleshores, deixant perduda la vista i enmig del silenci més tens, Blanca s'interrogà:

— Qui és? Què pretén? Per què ens ha elegit a nosaltres?

—No volia crear-vos inquietuds —va intervenir Jamal seriosament—, però vaig a dir-vos el que pense: crec que el vell del banc de les Mentides, l'home del Garbí i el de la marjal dels Moros són la mateixa persona.

—I què pretén disfressant-se? —preguntà inquieta Puig.

—Disfressar-se és fàcil. Espera, Puig, que encara he cavil·lat més —seguí parlant Jamal—. Crec que es tracta del nostre amfitrió, Vicent Miret.

Tota la colla es va mirar, i amb lleus moviments de cap i amb monosíl·labs manifestava que estava d'acord amb aquella apreciació. Jamal havia expressat el que tots havien intuït, però potser els donava por plantejar-se per què feia això. Ara ja estava dit i calia resoldre l'enigma.

—Potser és, Vicent Miret, un boig? —preguntà en veu baixeta Martí.

—Tant si ho és com si no, ens té atrapats i no coneixem les seues intencions —digué Blanca apesarada.

—Tranquils, amics! Les intencions poden ser positives —aclarí Berta amb esperança.

—Perdona, Berta —digué preocupat l'estrateg de Jamal—. Si les intencions són positives, a sant de què ve tant de misteri? No en sabem les intencions...

—Riiing, riiing, riiing... !

—El telèfon! —exclamaren tots cinc al temps que miraven cap a l'interior de la casa. El telèfon sonava una i una altra vegada. Anaren tots al saló, però ningú no gosava atendre'l. A la fi, Blanca es féu l'ànim i agafà l'aparell.

—Sí! Qui és?

—Bona nit! Sóc Vicent Miret, amb qui tinc el gust de parlar?

—Ah, senyor Miret, sóc Blanca. Com està?

Blanca, amb la mà, féu que els companys arrimaren l'orella al telèfon.

—Jo bé i vosaltres? Esteu còmodes a casa? —matisà el senyor Miret amb veu molla.

—Bé! Perdone, senyor Miret, però on és?

—D'això volia parlar-vos. Vos dec una explicació i vos la vaig a donar. Sóc a Sagunt, però m'és impossible estar amb vosaltres.

—A Sagunt! Senyor Miret, vosté ens deia en la invitació que el podíem ajudar. Diga'ns en què el podem ajudar i ho farem.

—No, si ja ho féu... Per cert, demà anireu al castell on veureu el fòrum i el teatre...

—Sí, ja ho farem, però... Escolte com és que sempre trobem un home que se'ns ofereix de cicerone i ens conta històries de Sagunt i... —insistí Blanca a veure si aclaria res.

—Ah, d'això també vos volia parlar. Es tracta de Voconi, un personatge popular del poble que creu tenir fantàstiques qualitats de narrador. Sí, ja sé que no vos deixa ni de nit ni de dia. Ell és així. Quan elegeix algú, no l'abandona fàcilment i vosaltres heu tingut l'honor de ser triats.

—L'honor diu? Bé, bé, però vosté per què no es troba ací amb nosaltres?

—Mmmm... No puc. No vos ho volia dir, però resulta que no em pot veure. I, si jo aparec, el perdré per a sempre...

—Piii, piii, piii... !

—Ha penjat —digué despagada Blanca—. Heu escoltat? Estàvem equivocats, l'home que ens assetja i captiva li diuen Voconi. Voconi i el senyor Miret no es poden veure i, per la veu, jo diria que deuen ser germans. Voconi no deu estar bé, perquè no poden veure's. Aquest deu ser el motiu pel qual el senyor

Miret no ve a casa i no ens pot acompanyar. Qui sap, si no heu estat víctimes d'algun dels seus trastorns —acabà dient Blanca adreçant-se a Martí, Berta i Jamal.

—Ep, ara recorde! —exclamà Berta—. Quan entràrem a Arse, deixàrem els arreus, que eren les bicicletes, en una quadra. Aquesta quadra era el garatge de casa.

—Per cert, dic jo, les dues habitacions tancades deuen ser les seues —deduí Jamal.

—I ara què fem? —preguntà Martí veient-se en un carreró sense eixida.

—Farem fum i fugirem —rematà Berta reemprenent la ironia.

—A banda bromes, el que està clar és que si volem ajudar el senyor Miret, hem de permetre que Voconi s'enrotlle amb nosaltres. I ara, el que hem de fer, és anar-nos-en a dormir, perquè estem molt cansats i demà no sap ningú què ens esdevindrà al castell —proposà Jamal.

—Sí, anem-hi. Ah, tanqueu les portes per dins i no obriu fins que es faça de dia. No vull que agafeu por, però més val prevenir que lamentar-se —conclogué Blanca.

Tot seguit es dutxaren, es tancaren als dormitoris i es colgaren als llits.

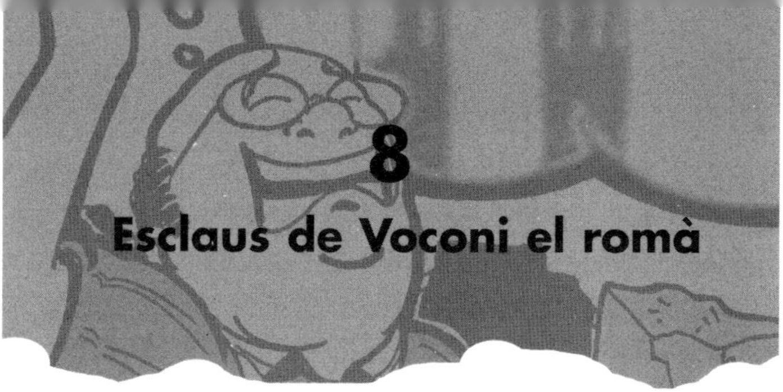

8
Esclaus de Voconi el romà

La claror del dia despertà els membres de la colla. Estaven descansats i disposats a encarar el nou dia. No els importava si havien compartit la casa o si havien estat observats. Quan començaren a parlar, eixiren de les habitacions, anaren al bany i s'arreglaren. Baixaren a desdejunar. Tenien clar que havien de deixar-se captivar per Voconi, perquè així ajudarien Vicent Miret. Amb aquesta actitud es posaren a la cuina i prepararen la llet, el xocolate, els cereals, les galetes, les torrades, la mantega... Mentre desdejunaven feien bromes sobre Voconi: com el trobarien i quines històries els contaria del fòrum i del teatre. En desdejunar, prepararen el menjar per passar el dia: mones de Pasqua, pa, llonganissa, sobrassada, ous bullits, truites, tonyina... En acabar, es penjaren les motxilles lleugeres i es disposaren a eixir de casa.

Berta obrí la porta de la placeta dels Tarongers i deixà que Ulisses passara al davant. El gos isqué i es posà a fer corredisses i cabrioles. Puig l'observava des de la porta i de sobte s'adonà que al cantonet hi havia un home assegut, era Voconi que estava controlant l'eixida de casa. Tenia aspecte d'estar cansat. A ningú no se li acudí pensar que probablement no havia dormit preparant l'itinerari i que devia haver matinat per agafar-los en el moment en què isqueren de casa. A Puig se li tallà la respiració i amb senyes indicà als companys que ja el tenien allí. S'abocaren a la porta i comprovaren el que havien entés amb gestos. Berta isqué decidida i se n'anà cap a ell, el saludà molt atentament i a continuació ho feren la resta de la colla.

—Bon dia, amics! Avui vos he preparat la visita als llocs més interessants del *Saguntum* romà —digué Voconi.

No era un oferiment, sinó un tracte tancat que acceptaren, sobretot després de parlar amb el senyor Miret. De fet, Blanca, somrient, li digué que hi estaven disposats, i marxaren cap a la plaça Major.

—En primer lloc, vull explicar-vos algunes coses de la part baixa de la ciutat romana. Començarem per les làpides de Santa Maria. No sé si sabeu que l'església arxiprestal ocupa el lloc de la mesquita àrab. I, al meu entendre, la mesquita ocupava el lloc on s'alçava el temple de Diana, el que respectà Anníbal —els aclarí.

Com qui espera confirmació de qui comparteix alguna cosa, mirà Berta. Arribaren a les escales de la porta nord i es detingueren davant les làpides que el dissabte la colla no sabé interpretar. Els cinc es posaren al voltant del cicerone, mirant les làpides.

—Ens trobem davant uns documents importants d'època romana —digué l'home amb falsa modèstia—. Es tracta de dues làpides que commemoren moments tristíssims de la vida d'un saguntí del segle I. La de dalt recorda la mort de son pare, el Plàcid, quan ell era menut —explicava l'home posant-se cada vegada més trist—. El Plàcid era una persona destacadíssima que exercí els càrrecs polítics més importants del municipi: vir, flamen, qüestor i mestre dels salis. La mort del pare afectà moltíssim el fill, que hagué de buscar l'afecte en la mare i els amics. La de baix és una làpida dedicada a la seua esposa, Popilia Rectina, que morí quan encara era una jove de divuit anys, quan començava a gaudir de l'amor. Aquest saguntí tan desgraciat afectivament era... —deixà la frase inacabada, perquè un nuc a la gola li ho impedia, fins que amb dificultat continuà parlant—. Aquest saguntí era Voconi *el Romà*.

Els cinc miraven la cara afectada de l'home. Estava a punt de plorar, doncs creia que ell era Voconi *el Romà*. Aleshores, Berta, amb l'espontaneïtat i la ironia que la caracteritzen, digué:

—Voconi, plore. Plore i desfogues.

L'home, en entendre que l'acceptaven com a Voconi, es tapà la cara amb les mans, es recolzà sobre les làpides i començà a plorar a crits. Es creà una situació absurda per als membres de la colla, perquè mai no havien vist un cicerone plorar afectat per la vida d'un personatge històric. Els crits desgarrats i les llàgrimes com el puny, enceneren unes ganes de riure incontenibles en Martí i Puig. Per no soltar les rialles i ofendre Voconi, es mossegaren els llavis i llurs cares s'enrogien i es transformaven. La resta se n'adonaren i amb gestos els indicaven que no se'n rigueren, però en compte de dissuadir-los es contagiaren i tots cinc intentaven ofegar les rialles a la boca. L'home seguia plorant a llàgrima viva i no s'adonava de l'espectacle. Els amics no podien contenir-se i deixaven escapar les rialles en forma de bufits. La tensió era tan gran que les rialles esclataren en forma de plor i els sis ploraven a gust. Berta se sentia responsable de la situació creada, perquè havia emprat el sobrenom de l'home, Voconi. En realitat s'esdevingué que Voconi s'identificava amb Voconi *el Romà*, però estava tan esgotat que no pogué controlar-se. Quan la situació es féu insostenible, Berta li digué:

—Voconi, oblide els moments tristos de la vida i conte'ns els més agradables.

—Voconi —intervingué Blanca amb tendresa—, no li tenim res en compte, prenga'ns com els seus amics, com si res no haguera passat.

Les frases calaren en l'ànima de Voconi i reaccionà. Se n'anaren cap a la plaça, i mentre es torcava els ulls, sobreposant-se, començà a parlar com si fóra Voconi *el Romà* del segle I.

—Perdoneu. Teniu molta raó. Hi ha coses en la vida que no s'obliden mai, però m'esforçaré per no fer-vos passar un mal dia. Vosaltres sou els amics que vaig abandonar quan me n'aní a Roma a estudiar. Allí també vaig fer bons amics: Plini *el Jove*, la muller de l'emperador Trajà... Eren tan diferents a vosaltres...! Després, perdoneu, en tornar per casar-me amb Popília, no vos vaig fer el cas que mereixíeu. Però ara, podem recobrar els nostres millors moments: quan els meus pares em permeteren que ens banyàrem a les termes i després jugàrem a la palestra —deia assenyalant la Glorieta—; o quan vosaltres, Jamal i Martí, entràreu per primera vegada a casa —seguia dient i assenyalant ara l'edifici del Musical—, i quedàreu meravellats en veure el luxe del saló de Dirce; o l'interés que mostràreu quan vos expliquí el mosaic, que representa el moment en què els fills d'Antíope lliguen Dirce a les banyes del bou, perquè pagara amb la mort el que els havia fet patir. Recordes, Martí? Tu volies ser Zet, qui domina el bou. I tu, Jamal, Anfíon, qui lliga Dirce —seguia parlant i parlant Voconi com si fóra el Romà i els amics, els seus esclaus—. Ara que vos tinc de nou al meu costat, no vull que la nostra relació siga d'amo i esclau, vos tractaré com amics i com amic vull que em tracteu. Anem al fòrum, seguiu-me!

Voconi es dirigí cap a la muntanya del Castell a bon pas, i la colla d'amics el seguia. Ulisses, content, s'avançava dirigint la comitiva amb la cua alçada. Els cinc es veien enmig de la història, però no s'havia produït l'encís captivador que Berta, Jamal i Martí sentiren el dia anterior, perquè Voconi estava massa cansat i ells previnguts . Voconi, parlant parlant de la història romana de Sagunt, es desbaratava i ells no sabien què dir ni què fer per traure'l de l'estat d'al·lucinació en què es trobava. Passaren per davant de cases pairals i del barri jueu, dignes d'atenció, sense fer ni cas perquè Voconi no veia altra cosa que les restes romanes. Quan van arribar al fòrum, el guarda del Castell els eixí al pas i els preguntà:

—On aneu?

—Com? —donà la cara per ells—. Sóc Voconi *el Romà*, aquests són els meus esclaus i vaig a donarlos la llibertat davant els magistrats.

El guarda ja coneixia el personatge i somrigué. Entraren al fòrum i els cinc amics no veien altra cosa que fonaments i ruïnes. Anaven sufocats i es dirigiren cap a la part sud, des d'on s'albirava el port, tota l'Horta Nord i València. Voconi, però, no es detingué, perquè sabia que el fòrum romà era una plaça tancada pels edificis més importants del municipi romà. I reemprengué:

—Ens trobem a la cúria, on es reuneixen els magistrats de la ciutat. Davall de nosaltres es troben les presons i la cisterna amb l'aigua més blana de *Saguntum*, perquè l'arreplega de les teulades dels edificis que conformen el fòrum. Mireu —els deia assenyalant les ruïnes com si vera edificis—, a l'est tenim les tavernes, on podem beure i menjar el que ens abellesca. Al nord es troben els temples, on preguem i agraïm les gràcies que ens fan els déus. A l'oest s'alça la basílica, on es realitzen els tractes de comerç i els actes de justícia. Ah, mireu l'enllosat —manà assenyalant la gran i fragmentada inscripció del fòrum—. La inscripció diu que Baebi *el Bessó* testà que el germà construïra el fòrum quan morira, cosa que, evidentment, féu.

Voconi es movia com si anara vestit amb toga, i portava els amics d'ací cap allà. Els explicava les estàtues que s'erigien en el fòrum i les decoracions dels edificis, però només ell les veia posades al seu lloc, perquè es troben al museu o escampades a tot arreu. La disposició de Voconi cridava l'atenció de la gent que celebrava la Pasqua, fins i tot Ulisses inclinava el cap i el mirava complaent. La colla, tot i que els agradava l'explicació, patia perquè els pasqüers pensaven que estava llepat i les restes romanes havien inspirat el seu deliri. L'èxtasi del Voconi anà a més i arribà al màxim quan els portà a la basílica. En realitat es trobaven sobre els fonaments, però ell es veia dins l'edifici entre les altes i grosses columnes que dividien la planta en tres naus. Cridà unes persones que l'observaven, com si foren els magistrats, es col·locà al cap de la nau central i, davant l'estupor de tots, començà a fer el següent discurs:

—Magistrats de Sagunt, jo Voconi *el Romà*, fill de Voconi *el Plàcid* de la tribu Galèria, declare, i mane que així s'escriga, que els ací presents: Berta, Puig, Blanca, Jamal i Martí, esclaus de la propietat dels Voconi, a partir d'avui són persones lliures i, com a ciutadans romans, podran moure's per l'Imperi.

Quan acabà, mostrava signes evidents de defalliment, de fet es bellugà com si anara a desmaiar-se. Aleshores, la colla, que era ben conscient de l'alienació de Voconi, l'abraçà com qui li dóna les gràcies. Aleshores, una dona que observava l'escena, els oferí un tranquil·litzant i li'l feren prendre. Després, amb complits, se l'emportaren fora del Castell. Buscaren una ombra al nord-oest del fòrum, sota els murs amb contraforts que l'aterraren. Hi gitaren Voconi i no tardà gens a adormir-se profundament.

9
La força inaudita del bou

Era migdia del dilluns de Pasqua. Berta, Blanca, Jamal, Martí i Puig, com una colla de pasqüers més, dinava d'entrepà entre el fòrum i el teatre. Bé, com totes les colles no, perquè al costat tenien un home d'edat avançada que roncava profundament i això espanta qualsevol jove. Ara bé, Ulisses s'havia gitat al costat de Voconi i això era la prova definitiva que es trobaven amb un home bo que necessitava ajuda. Menjaven, però sobretot parlaven sobre el que havien de fer amb Voconi, perquè alguna cosa havien de fer. La visita a Sagunt ja havia resultat una aventura, però no podien tornar-se'n a València sense saber qui era l'amfitrió i menys encara deixant tirat Voconi, pres d'un excés de deliri que ells havien desfermat. Estaven parlant de tot això, quan Blanca, que romania pensativa des de feia una estona, agafà la paraula.

—No podem estar ací tan tranquils, cal fer alguna cosa i jo tinc una proposta a fer. Només hi ha un problema, tenim el temps comptat, fins que desperte Voconi.

—Si és que desperta —completà Berta.

—Calla, Berta! Blanca, digues, què podem fer? —demanà Jamal.

—Estava mirant el teatre, que encara no hem visitat, i m'ha vingut al pensament que podria servir-nos per fer eixir Voconi de l'estat d'al·lucinació en què es troba. Com tot el món sap, els psiquiatres fan servir la dramatització per curar les malalties mentals.

—Vinga, dona, vinga! Ràpid! Què vols que fem? —exigiren els amics.

—Contesteu-me —demanà Blanca—. En quina contalla heu vist més content Voconi?

—Quan ens explicava el mosaic del càstig de Dirce —contestà de seguida Jamal.

—D'acord! Concretament, l'escena del bou. El bou, animal sagrat per als ibers, i el teatre, paròdia de la vida, permetran que Voconi recobre el sentit de la realitat.

Els amics, espantats, es quedaren mirant Blanca, perquè els proposava, si ho havien entés bé, representar una obra en el teatre romà. De seguida eixiren els problemes: "Com actua una persona malalta?, quin és el text?, amb quin permís actuem?, quan?...".

—I, com aconseguim un bou? —completà desmoralitzada Puig.

—No em direu que ara vos acovardiu —cridà Berta animosa.

—Així m'agrada Berta. Vinga, no hem de perdre ni un segon més. Martí i tu visitareu el teatre i parlareu amb els guardes per aconseguir fer una xicoteta representació. Puig i Ulisses es quedaran cuidant Voconi. Jamal i jo anirem a la biblioteca de casa a buscar el material necessari i informar-nos-en. Escolteu —continuà Blanca—, són les tres de la vesprada, a les cinc ens hi tornem a veure. No podem fallar.

Es posaren en marxa els quatre que se n'havien d'anar. En arribar al teatre, Berta i Martí es posaren a parlar de seguida amb els porters. Jamal i Blanca seguiren cap a casa del senyor Miret. En arribar, pujaren directes a la biblioteca i es posaren a regirar els llibres d'història antiga i d'art. El temps passava i la informació aconseguida era minsa. No podien llegir més ràpid. Passaven pàgines i pàgines, quan Blanca exclamà:

—Què fava estic! Ací està! Com no se m'havia ocorregut abans?

Blanca agafà el *Diccionari de la Mitologia Clàssica* i llegí a Jamal l'entrada Dirce. En l'explicació aparegueren altres personatges: Antíope, Zet, Anfíon...

Blanca considerà que tenien suficient informació i es posaren a arreplegar els llibres. Aleshores, Jamal obrí un programa de festes del barri on es trobaven, el de Sant Ramon, i cridà:

—Mira, Blanca, en aquest barri fan bous amb una andròmina.

—Què dius tu ara?

Efectivament, al llibret hi havia un article, on s'explicava que des d'antic es juga al barri amb un bou amb el cap de fusta i el cos de roba negra. Anaren a casa de la senyora Mercè, la velleta que els donà la clau el dissabte, i li preguntaren si sabia res del bou. La velleta quasi es va ofendre, perquè el bou i la novena de Sant Ramon són l'ànima del barri. Aleshores, li preguntaren si podrien disposar del bou i la dona els preguntà que per a què el volien. Blanca i Jamal li contaren els seus propòsits i la velleta els digué que sí, però, en dir-los-ho, els revelà, sense voler, tot el misteri de l'amfitrió:

—És clar que vos deixe el bou. Jo estime molt Vicent. Penseu que tinc vora noranta anys i l'he vist nàixer. Ajudeu-lo, perquè no té família i es calfa massa el cap.

No calia que els diguera res més. Jamal i Blanca comprengueren que el senyor Miret i Voconi eren una sola persona, a la qual la història romana de Sagunt feia perdre l'oremus. En això, la senyora Mercè els indicà que pujaren a l'andana i prengueren el que els fera falta. A l'andana hi havia de tot: el bou, que guardava de festa a festa, robes i màscares, que empraven

en les cavalcades del barri... Agafaren tot el que necessitaven i baixaren. De seguida, a Jamal se li acudí muntar el bou sobre la bici de Berta. Blanca hi estigué totalment d'acord, perquè potser produiria l'efecte desitjat. Al carrer, sota la mirada i la complaença de la senyora Mercè, feren l'acoblament. Lligaren dos llistons al quadre de la bici i, a l'alçada adequada, hi afermaren l'andròmina, el cap del bou a la banda del manillar. Quedava perfecte. Tot seguit, anaren a reunir-se amb els companys.

Encara no havien arribat a l'altíssima façana posterior de l'escena, els eixí al pas Martí. Estava molt content, perquè havien parlat amb la direcció i els havien donat permís. Però, si era fora d'horari, la representació havia de fer-se a porta tancada.

—Molt bé, Martí. Nosaltres també hem aconseguit el que necessitàvem i més coses. Ara falta el més difícil, que el muntatge produesca l'efecte desitjat —digué Blanca.

No eren les cinc de la vesprada quan arribaren a la revolta de la carretera del Castell que abraça el teatre. Allí, al costat de l'enreixada porta superior del teatre, lligaren el bou bici i anaren a reunir-se amb Puig i Voconi. Eren al mateix lloc on els havien deixats, no s'havien mogut ni un pelet. Puig, en veure'ls, s'alegrà molt perquè si Voconi s'haguera despertat, no hauria sabut què fer. Blanca, en veu baixeta, els contà tot el que sabien del senyor Miret i això els il·lusionà encara més.

Sense pèrdua de temps, calia preparar l'obra. Se separaren una miqueta de Voconi i es posaren a llegir la informació que els aportava el *Diccionari de Mitologia* sobre els personatges del càstig de Dirce. Després, pensaren l'argument del muntatge i seguidament es posaren a aprendre el text. En saber-se'l, Berta i Ulisses es quedaren cuidant Voconi i la resta anà a visitar el teatre i a assajar els moviments sobre l'escena. Tingueren sort perquè, en arribar, s'iniciava la visita dirigida. Primer, la guia els ensenyà les subestructures de l'escena i la sala dels torns que alçaven i abaixaven el teló. Després, els explicà la funció de l'escena i els mostrà els ornaments, les columnes, les cornises..., de què estava composta originàriament.

Finalment, ascendiren per la galeria interior a l'últim sector de la càvea i els féu observar el púlpit on s'alçava l'estàtua del déu protector del teatre, l'orquestra semicircular, els vomitoris simètrics... Els agradà, tot i pensar que Voconi ho haguera fet millor. En conéixer el teatre, assajaren durant uns minuts.

Quan el sol s'amagava per la serra, es prepararen i es disposaren a baixar Voconi. L'alçaren i es desplomava com un mort. Jamal i Blanca l'agafaren pels braços i el portaren com un desmaiat per la muntanya, fins arribar a la carretera on havien deixat el bou de Sant Ramon. Esperaren que Voconi espavilara un poc i, quan tornà en si, el muntaren sobre la bici, el taparen amb la roba i el llançaren carretera avall.

—Què féu? On estic? —cridava.

La bicicleta començà a fer corbes i pareixia que anava a despenyar-se. Aleshores, Voconi, distingí dos puntets de llum en la foscor interior. Acostà el cap, i pels foradets dels ulls del bou veié les persones que baixaven del Castell. Apretà els peus als pedals, s'agafà fort al manillar, i la bicicleta respongué. Conduïa el bou perfectament per la costeruda carretera. Es detenia, engegava i embestia com un bou de veritat. En veure-ho la xicalla, es posaren tots a jugar. Voconi mirava pels forats dels ulls del bou i revivia la seua infantesa, la infantesa de Vicent Miret.

—Eh, eh! —cridaven tots.

El bou de Sant Ramon els perseguia i entrava a topar, però no feia mal a ningú. No obstant això, la gent fugia, s'amagava i pujava als llocs elevats dels voltants del teatre. Ulisses voltava el bou com les persones i no parava de lladrar. Els cinc amics reien d'allò més, perquè mai no havien vist la bicicleta de Berta fent de bou. De moment el pla funcionava,

però havia de seguir satisfactòriament. Això, però, no ho descobririen fins que el senyor Miret no isquera de dins del bou. Aleshores, Berta, Puig i Ulisses fitaren el bou i el feren entrar al teatre. Els vigilants tancaren les portes com tenien acordat. Berta i Puig pujaren per la càvea i seieren com si foren espectadors romans. Vicent Miret, pels ulls del bou mirà cap a l'escena i veié Jamal, Martí i Blanca, que anaven vestits amb togues i faldilles romanes. Aleshores, comprengué que volien representar *El càstig de Dirce*, pujà a l'escena i començaren a actuar.

ZET (Martí, que fa de Zet, obri les cames, arqueja els braços i es disposa a rebre el bou mentre s'adreça a Jamal, que fa d'Amfíon):

Prepara el llaç que jo em faig amb la bèstia.

(El bou li entra i ho fa amb tanta força que no el pot agafar.)

ANFÍON (Al temps que lliga amb la corda Blanca, que fa de Dirce):

Zet, no et serà fàcil. És un bou de bona casta. Atenció!

(Crida perquè el bou arremet amb fúria.)

ZET (Pegant un bot i esquivant-lo):

Ja el veig.

(Apreta més els punys i fitant el bou):

Eh, eh! Entra!

(El bou arremet i ZET s'abraona amb força al coll i simulen una lluita desesperada. El bou brama, però a la fi accepta la superioritat de ZET, moment que aprofita AMFÍON per lligar DIRCE a les seues banyes. AMFÍON, realment, lliga una nina de drap al temps que Blanca s'amaga. Vicent Miret, que ho veu a través dels ulls del bou, està satisfet de la colla.)

ZET (Veient que acaba de lligar-la):

Ja està, Anfíon? Ves-te'n, el bou farà justícia.

(El bou, en veure un cos lligat a les banyes, comença a cabotejar i botar. DIRCE crida desesperada i el bou brama. La bèstia segueix sacsant DIRCE fins que la mata. El bou, segueix botant i botant per llevar-se aquell pes de damunt. Com el cos de DIRCE està molt ben lligat, no pot desprendre-se'n i el bou exhaureix les seves forces. Aleshores, Vicent Miret, perfectament recuperat, decideix finalitzar bé la història. Se'n va cap a la paret i pega tan gran topada que mata el bou i Voconi.)

En això, començaren a aplaudir Berta i Puig que no esperaven una interpretació i un final així. També aplaudiren els vigilants del teatre que s'ho miraven des d'un dels vomitoris. Al mateix temps, Blanca, Martí i Jamal anaren cap al bou, alçaren la roba del cos del bou i veren que, immòbil, Vicent Miret plorava d'alegria. L'alçaren i l'abraçaren. Berta i Puig, emocionades, corregueren cap a l'escena i besaren Vicent. I com que ningú no gosava obrir la boca, Vicent Miret digué emocionat:

—Jo estava segur que me n'alliberaríeu.

10
Epíleg

Vicent Miret i la colla “A colp de pedal” se n’anaren cap a casa profundament satisfets. La colla perquè havien arrodonit l’aventura al Camp de Morvedre, però el senyor Miret... Per què estava tan satisfet el senyor Miret? Ningú no s’atrevia a preguntar-li-ho o es conformaven a pensar que estava satisfet perquè ja tenia tot el coneixement. Comentant cantonades i arcades arribaren a casa. Tornaren el bou i les disfresses a la senyora Mercè i ella, en veure Vicent i la colla tan contents, digué emocionada:

—Fins i tot el bou de Sant Ramon fa miracles.

Quan anaven a acomiadar-se, Vicent Miret els demanà que es quedaren un dia més. Ells repetien que els esperaven a València i no disposaven de més temps. A la fi, acordaren que es quedarien a sopar al pati. Escalfaren els plats que els abellien i es posaren a sopar. En això, Vicent els digué:

—Vos dec una explicació i vos la vaig a donar. Jo sóc un amant de la història antiga. El que més m’atrau de la història antiga, però, són els misteris que presenta. M’engresquen tant els misteris de la història, que dedique nit i dia a interpretar-los. El problema començà quan vaig necessitar que les meues interpretacions foren conegudes. La solució la vaig trobar fent de cicerone als visitants de Sagunt. Resulta, però, que no trobe massa grups que admeten el meu servei i, quan els trobe, les visites em pareixen curtes. Això, tenir grups i tenir temps, em provoca una gran ansietat. Inicie les explicacions tranquil i acabe alliberant fantasies. Quan me n'adoní de la meua malaltia, ja era un personatge popular anomenat Voconi. Aleshores van arribar a les meues mans els llibres que narren les vostres primeres aventures i en vosaltres vaig veure la solució. La vostra intervenció presentava un risc, tres dies d'excitació em podia provocar un deliri sense retorn, com així ha esdevingut. No obstant això, vaig confiar en vosaltres i m'heu guarit.

—Una pregunta —demanà Puig, commoguda—. Per què no ens digué des d'un principi què li passava?

—M'haguéreu cregut? Hi haguéreu vingut? —contestà el senyor Miret amb dues preguntes que es contestaven soles.

—A que, quan fa de cicerone, sempre explica les làpides del Voconi? —soltà Berta.

Tots, inclòs Vicent Miret, llançaren unes rialles que se sentiren fins a la Torre d'Hèrcules. Encara intentà posar-se transcendent el senyor Miret:

—Reconec que sóc un egoista...

Però Berta tornà a trencar el drama amb una de les seues:

—Vosté, el que és, és..., un fantàstic xarraire.

De nou, es posaren a riure tots. Tot seguit, d'un a l'altre es passaren la mirada i un gest amb el cap indicant que havien d'anar-se'n. S'alçaren de les cadires, entraren al garatge, i carregaren les motxilles i les bicicletes al tot terreny. S'acomiadaren molt efusivament i Vicent els digué:

—Ací teniu la vostra casa, si és que hi ha casa d'algú.

Isqueren de la casa i, en voltar l'àbsida de l'església de Santa Maria, es giraren cap a l'esquerra i veren per última vegada el banc de les Mentides i les làpides dels Voconi.

El viatge el feren en silenci, perquè era de nit i anaven pensant en els detalls de l'aventura. Recordaven que la ruta dels castells els havia portats a veure el Camp de Morvedre des del cim del Garbí com els mateixos déus antics; que la Via Heraclea els havia portats al Sagunt iber i romà; que a Sagunt havien sigut assetjats, ostatges, esclaus i finalment ciutadans lliures... Quan arribaven a València Berta digué:

—Puig, quin mestre has tingut amb Voconi, no?

Tots reien, fins que Martí digué cofoi:

—Quan conte que he visitat Sagunt amb el mateix Voconi, no s'ho creuran.

—Jo contaré per què els de Morvedre amb el cul piquen el pebre —bromejà Puig.

—Seriosament —digué Jamal—, heu pensat que venim de dos mil anys enrera.

I digué Blanca, aparcant el cotxe al barri de Russafa:

—És evident que hem alliberat el senyor Miret de les seues al·lucinacions. Fins i tot pense que ens hem alliberat de Voconi. Però dubte, i vull que ho penseu, si no estem tots atrapats en la Història.

EL CAMP DE MORVEDRE

Comarca litoral que té una extensió d'uns 260 quilòmetres quadrats i una població d'uns 75.000 habitants. La composen tres subcomarques: el Baix Palància, la Baronia i la Vall de Segó. A Sagunt, que és el cap de comarca, viu la major part de la població repartida en diferents nuclis urbans.

Consta d'una zona muntanyenca, que ocupa la meitat oest, i una zona plana, situada a l'est. El riu Palància n'és l'eix, perquè la travessa de nord-oest a est. Pel nord recull les aigües de la serra d'Espadà i pel sud les de la Calderona. Aquesta geografia determina un excel·lent sistema de comunicacions: el port marítim, la carretera N-340 i el ferrocarril València-Barcelona la creuen de sud a nord, la carretera N-234 i el ferrocarril Sagunt-Terol la creuen d'est a oest

La població atén tots els sectors productius. En el primari, destaca l'agricultura, ocupada fonamentalment en el conreu de la taronja. El secundari s'inicià a principi del segle XX amb la instal·lació del ferrocarril miner d'Ojos Negros i la siderúrgia AHM, desmantellats en l'actualitat, però que despegà la indústria del ferro, ciment, vidre... El sector terciari o de serveis és el més important i ocupa la major part de la població.

El Camp de Morvedre, a més a més de disposar dels espais idonis per gaudir del descans i practicar els esports de costa i muntanya, ofereix un escenari on han esdevingut fets històrics significatius de totes les èpoques de la Història i on perduren restes importants.

EL VIATGE

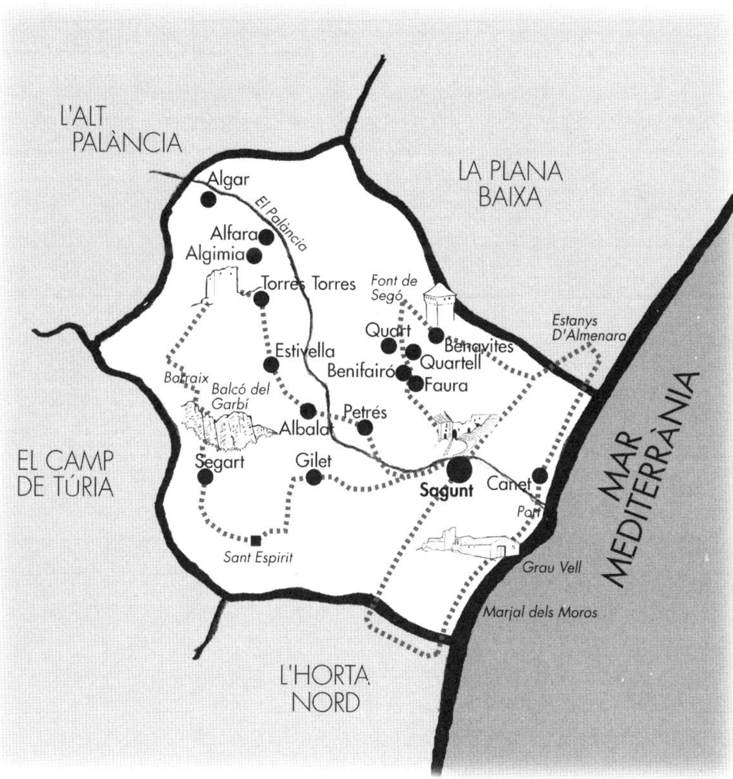

L'ALT
PALÀNCIA
LA PLANA
BAIXA
Algar
El Palància
Alfara
Algimia
Torres Torres
Font de
Segó
Quart
Benavites
Quartell
Benifairó
Faura
Estivella
Estanys
D'Almenara
Barraix
Balcó del
Garbí
Albalat
Petrés
EL CAMP
DE TÚRIA
Segart
Gilet
Sagunt
Canet
Port
Sant Espirit
Grau Vell
Marjal dels Moros
MAR
MEDITERRÀNIA
L'HORTA
NORD